너는 꿈을 어떻게 이룰래?
생각의 도구

한ㄹ

너는 꿈을 어떻게 이룰래? (생각의 도구)

펴   냄   2010년 3월 10일 1판 1쇄 박음 | 2010년 3월 15일 1판 1쇄 펴냄
지은이   리앙즈웬(梁志援)
옮긴이   이선애
펴낸이   김철종
펴낸곳   (주)한언
            등록번호 제1-128호 / 등록일자 1983. 9. 30
주 소   서울시 마포구 신수동 63-14 구 프라자 6층(우 121-854)
TEL. 02-701-6616(대) / FAX. 02-701-4449
책임편집   박선미
디자인   정현영·양미정·백은미
홈페이지   www.haneon.com
e-mail   haneon@haneon.com
            이 책의 무단전재 및 복제를 금합니다.
            잘못 만들어진 책은 구입하신 서점에서 바꾸어 드립니다.
            ISBN 978-89-5596-573-5 63370

Young Thinker series, Teach Your Child Thinking Skills

너는 꿈을
어떻게 이룰래?
생각의 도구

리앙즈웬(梁志援) 지음 ㅣ 이선애 옮김

'사고 기술'은 왜 필요할까?

찢어진 종이와 종이를 붙이는 데 '풀'이 좋을까, '접착제'가 좋을까? 또 깨진 플라스틱 컵을 붙이는 데는 '풀'이 좋을까, '접착제'가 좋을까?

풀, 접착제 둘 다 '붙이는 데 사용되는 도구'라는 공통점이 있지만, 쓰이는 상황은 다르다. 찢어진 종이를 붙이는 데는 접착제보다는 풀이 좋고, 깨진 플라스틱 컵을 붙이는 데는 접착제가 좋다. 이처럼 각 상황마다 쓰이는 도구가 다른데, 정확하고 신속하게 일을 해내기 위해서는 어떤 도구가 적합한지 판단할 줄 알아야 한다.

이는 '생각'을 할 때도 마찬가지다. 어떤 문제가 닥쳤을 때 혹은 어떤 결정을 내려야 할 때, 우리는 여러 가지 생각을 하게 된다. 이때 생각하는 기술, 즉 '사고 기술'이 있으면 이 상황에 어떤 생각을 해서 일을 해결해야 할지 판단하기 쉽다.

따라서 우리는 '사고 기술'을 잘 익혀 두어야 한다. 그렇게 하면 어떤 문제가 닥쳐도 슬기로운 방안을 생각해 내서 문제를 해결할 수 있다.

어릴 때부터 '사고 기술'을 익혀야 한다.

속담에도 '세 살 버릇 여든 간다.'는 말이 있듯이, 한 번 길들여진 사고방식을 바꾸는 것은 무척 어렵다. 그렇기 때문에 어릴 때부터 올바른 사고방식을 심어 주는 게 중요하다. '사고 기술'도 마찬가지다. 어떤 문제가 닥쳤거나 어떤 결정을 내려야 할 때, 사고 기술을 미리 익혀 두면 문제를 어떻게 해결해야 할지 또 어떤 결정을 내려야 할지 쉽게 판단할 수 있다.

세 살 버릇 여든 가듯 어릴 때 한 번 익혀 둔 사고 기술은 커서도 변함없이 올바른 길을 제시해 주는 나침반이 될 것이다. 또한 훌륭하게 자랄 수 있는 든든한 버팀목이 되어 줄 것이다.

이 책을 어떻게 활용해야 할까?

이 책은 일상생활에서 아이들이 흔히 겪는 상황을 이야기로 풀어 쉽게 설명하고자 했다. 그렇기 때문에 우리는 본문의 내용을 읽으면서 비슷한 사례를 떠올릴 수 있다. 본문의 내용을 읽고 비슷한 사례를 찾는 연습을 해 보자. 이 과정에서 다양한 생각을 북돋워 줄 수 있으며, 저절로 사고력도 기를 수 있다.

본문의 내용에 대해 충분히 이해가 된 다음에 제시된 문제를 풀도록 하자. 문제를 푸는 이유는 얼마나 이해했는지를 파악하기 위한 것이기 때문에 틀린 것에 연연하지 말자.

중요한 것은 '반복'이다. 이해가 안 가는 부분은 이해가 갈 때까지 반복해서 읽어 보고, 틀린 문제는 반복해서 풀어 보자. 이런 과정을 통해 사고 기술을 몸에 익힐 수 있다.

초등학교를 졸업할 때쯤 아이들의 신체 조건, 지적 수준, 사고 능력은 거의 비슷하다고 할 수 있다. 그러나 오랜 세월이 지난 후 그 결과는 사뭇 다르다. 아마도 이러한 결과를 운의 몫으로 돌리는 사람도 있을 것이다. 어떤 사람들은 운이 따르지 않아서 성공할 수 없었고, 어떤 사람들은 운 좋게 귀인을 만나 성공했다고 생각할 수도 있다. 그렇다면 행운 외에 다른 이유는 없는 것일까?

한 학년의 학업을 마쳤다는 것은 학교에서 배운 지식과 능력이 다른 사람과 별 차이가 없다는 것을 의미한다. 그런데 왜 일부분의 사람들만 배운 지식을 자유자재로 활용할 수 있을까? 그것은 그들에게 또 다른 살아 있는 지혜가 있기 때문이다.

지식 사회에서 살고 있는 우리는 그 어느 때보다 지식에 대한 욕구가 간절하다. 우리는 반드시 이전보다 더 치열하게 학습하고 많은 시간을 투자해야 한다. 예를 들면 대학을 졸업하고 나서도 전공 관련 자격증을 취득하거나 앞으로 생계유지에 필요한 전문 기술을 배워야 한다. 기초적인 전문 기술이 우리의 경쟁력을 높여 주고, 생계유지 차원에서 도움이 된다는 것은 의심할 여지가 없다. 그러나 이런 '죽은 지식'을 자유자재로 활용하려면 반드시 '산지식'을 자유자재로 활용할 수 있는 능력이 필요하다. 그렇다면 산지식을 활용할 수 있는 능력이란 무엇일까?

유명한 미래학자 존 나이스비트는 지식 사회에서 다음과 같은 네 가지 기능을 습득해야 한다고 말한다. 그것은 바로 공부하는 방법, 생각하는 방법, 창조하는 방법, 교제하는 방법이다.

같은 분야의 전문 자격증을 취득한 엔지니어 두 명이 있었다. 그중 A라는 사람은 공부하는 방법을 알고 있었기 때문에 급속하게 변화하는 시장의 요구에 맞춰 신제품 관련 지식을 파악할 수 있었고, 사람들과 교제하는 방법과 표현 능력이 뛰어났기 때문에 더 많은 주문을 받을 수 있었다. 또한 창의적인 사고방식을 가지고 있어서 어려운 문제에 부딪쳤을 때 빠르고 쉽

게 해결할 수 있었다. 그리고 과거를 반성하고 미래를 예측할 수 있는 혜안 덕분에 더욱 많은 기회를 잡을 수 있었다. 그러나 B라는 사람은 A처럼 하지 못했기 때문에 그에 비해 성공적인 삶을 살지 못했다.

죽은 지식과 산지식의 차이점

• 죽은 지식은 쉽게 시대에 뒤떨어지고 새로운 지식에 자리를 내주지만, 산지식은 평생 활용이 가능하다.

• 죽은 지식을 습득하는 데는 많은 시간이 필요하지만, 산지식은 짧은 시간 안에 쉽게 배울 수 있다. 그러나 산지식을 이해할 수도 인정할 수도 없는 사람들은 평생 걸려도 배우지 못한다.

• 죽은 지식은 일반적으로 학교에서 교과 과정을 통해 배울 수 있지만, 산지식은 언제 어디서나 정해진 틀에 얽매이지 않고 배울 수 있다.

• 죽은 지식은 평가가 가능하지만, 산지식은 정확하게 평가하기가 어렵고 긴 시간이 지나야 그 결과를 통해 알 수 있다. 그러나 확실하게 산지식을 배울 수 있다면 그 효과는 굉장하다.

성공한 사람들의 공통점이 있다면 그들은 산지식의 소유자라는 것이다. 리앙즈웬 선생이 쓴 〈너는 꿈을 어떻게 이룰래?〉 시리즈는 바로 세계적인 교육의 새로운 흐름에 따라 집필된 '산지식'이라 하겠다. 이 시리즈는 지식 사회가 요구하는 인재 육성을 위한 훌륭한 교과서다. 이 책의 특징은 어려운 문장은 피하고, 간결하고 정확한 언어를 사용했다는 점이다. 연습 문제를 통해 학생들이 쉽게 이해하고, 그 숨은 뜻을 바로 습득할 수 있도록 구성했다. 즉 이 책에서 제기된 많은 지식들은 사람들이 평생 배워도 체계적으로 터득하기 어려운 산지식이라고 자신 있게 말할 수 있다. 아이들이 이 시리즈를 통해 평생 사는 데 도움이 되는 훌륭한 지혜들을 얻기 바란다.

- 존 라우 〈너는 꿈을 어떻게 이룰래?〉 시리즈 고문

목차 | C·O·N·T·E·N·T·S

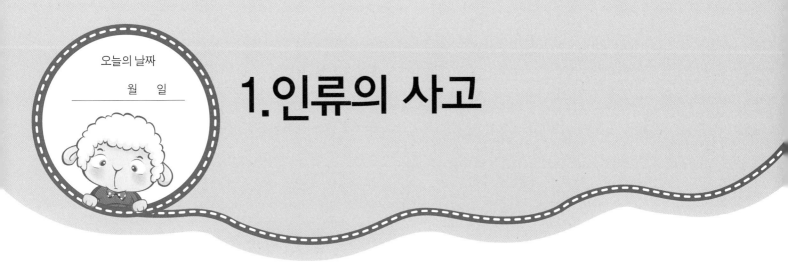

1.인류의 사고

사자, 호랑이, 곰 등 이 세상에는 힘센 동물들이 많다. 하지만 이 세상을 주도하는 것은 사자, 호랑이, 곰과 같이 힘센 동물이 아니라 '생각'을 하는 인간이다. 우리는 생각 덕분에 문제가 발생했을 때 이를 해결하고, 올바른 행동을 할 수 있다. 그럼 여기에서는 '생각'이 과연 무엇이고 어떤 힘을 가지고 있는지 알아보자.

오늘의 배울거리

생각할 수 있는 동물, 사람!

하늘나라에 전지전능*한 왕이 살고 있었다. 왕 덕분에 하늘나라는 늘 평화로웠다. 하지만 작은 싸움조차 없이 매일매일 똑같은 나날이 계속되다 보니, 왕은 심심함을 견딜 수 없었다.

그러던 어느 날, 구름 위를 산책하던 왕은 '심심한데 구름 밑을 하늘나라처럼 꾸며 볼까?'라는 생각을 했다. 일단 왕은 구름 밑에 산, 바다, 나무 등 자연을 만들었다. 그리고 자신이 만든 자연을 바라보며 흐뭇해 했다. 하지만 흐뭇한 것도 잠시였다. 변화가 별로 없는 자연을 바라보는 것이 금방 지루해졌기 때문이다.

'자연은 움직임이 별로 없으니, 좀 더 활동적인 것을 만들어야겠어.'라고 생각한 왕은 자연 속에서 마음껏 뛰놀 수 있는 동물을 만들었다. 자연 속을 마음껏 뛰노는 동물을 보자, 왕은 뿌듯함에 벅차올랐다. 하지만 며칠 동안 동물을 관찰한 왕은 동물들의 주된 활동이 먹고, 자고, 싸우는 것 외에는 별다른 게 없다는 것을 깨달았다.

'동물도 별다른 활동을 하지 않으니, 별로 재미가 없구나. 동물보다 좀 더 활동

●●● **낱말 풀이**

전지전능 : 이 세상의 모든 일을 알고, 행할 수 있는 신과 같은 능력

적인 것을 만들려면 무엇이 필요할까?' 하고 왕은 밤낮으로 머리를 싸매고 고민했다. 그리고 좀 더 활동적이기 위해서는 '생각'을 할 수 있어야 한다는 사실을 알게 됐다. 그리고 결국 생각을 할 수 있는 '사람'을 만들었다.

이 세상에서 생각할 수 있는 능력은 오직 사람만이 갖고 있다. 즉, 사람은 '생각하는 자'라고 할 수 있다. 그렇다면 생각을 할 수 있는 것과 할 수 없는 것은 무엇이 다를까?

사자, 호랑이, 곰 등 이 세상에 사람보다 힘이 센 동물은 많지만, 이 세상을 주도*하는 것은 사람이다. 사람은 생각을 할 수 있기 때문이다. 이처럼 '생각'은 정말 큰 힘을 갖고 있다.

정확하게 읽기

아이디어* 좀 내봐!

사랑이네 반은 일주일에 한 번씩 학급 회의를 한다. 학급 회의 시간에 아이들은 일주일 동안 있었던 일을 정리하고, 앞으로 해야 할 일에 대해 논의*한다. 이번 주는 환경 미화에 대해 이야기하기로 했다.

"다음 달에 환경 미화 심사*가 있어서 교실 뒤에 있는 게시판을 꾸며야 하는데, 우리 반은 어떻게 하면 좋을까? 우리 한번 아이디어 좀 내보자."

반장인 사랑이가 앞에 나와 아이들에게 묻자, 민수가 손을 번쩍 들고 의견을 말했다.

"이제 곧 가을이니까, 가을이라는 테마*를 이용하면 어떨까? 알록달록 단풍이 곱게 든 풍경 사진이나 단풍잎을 만들어서 꾸미면 좋을 것 같은데."

민수의 의견을 듣고 나자, 이번에는 지영이가 손을 번쩍 들고 말했다.

"민수의 의견도 좋긴 한데, 가을이 지나가고 나면 쓸모가 없어질 것 같아. 지난 학기에도 봄이라는 테마로 꾸미고 난 후 여전히 우리 교실은 봄 분위기가 나잖아. 지금은 여름인데 말이야. 그래서 나는 계절에 상관없이 꾸몄으면 좋겠어."

지영이의 이야기를 곰곰이 듣고 있던 사랑이가 말했다.

"그럼, 게시판 겉은 계절에 상관없이 깔끔하게 꾸미고, 내용은 가을과 관련된 내용을 넣는 게 어떨까? 겉을 바꾸는 것은 어렵지만, 내용을 바꾸는 것은 쉬우니까, 계절이 바뀔 때마다 내용을 바꿔 주면 좋을 것 같아. 어때?"

사랑이의 의견에 아이들은 모두 입을 모아 "좋아!"라고 대답했다.

우리는 '아이디어 좀 내봐.', '머리 좀 써 봐.', '방법 좀 생각해 봐.' 등의 말을 자주 쓴다. 이 말은 모두 사고*의 작용*을 묘사하는 것이다. 이처럼 아이디어를 내거나 방법을 생각하는 것은 우리가 사고할 수 있는 두뇌를 갖고 있기 때문이다.

한번 생각해 보자. 우리가 좋아하는 컴퓨터 게임, 음악을 듣는 mp3는 누가 만들었을까? 컴퓨터, mp3를 비롯한 이 세상의 모든 사물은 바로 사람이 '사고'해서 창조해 낸 작품이다.

그렇다면 사고란 무엇일까? 심리학자들의 말에 따르면, 사고는 생각과 사상*이 생기는 과정을 말한다. 사고를 하는 이유는 우리 스스로가 문제를 알고, 해결하기 위해서이다. 이러한 사고는 관찰, 기억, 의심, 상상, 추론*, 평가 및 판단 등의 인지*활동을 통해 어떤 일을 이해하고, 결정을 내릴 수 있도록 돕는다.

우리는 스스로 문제를 알고 해결하기 위해서 사고를 한다. 이러한 사고 덕분에 사람들은 위대한 창조물을 내놓을 수 있다. 그럼 다음 문제를 풀어 보자.

1. 사고는 무엇이 생기는 과정일까?

① 의견과 주장   ② 구상과 편견*

③ 생각과 사상   ④ 제의*와 방법

2. 사고의 목적은 무엇일까? (모두 선택)

① 결정을 내리기 위해   ② 자아*를 찾기 위해

③ 문제를 알기 위해   ④ 사실을 이해하기 위해

⑤ 편견을 갖기 위해   ⑥ 문제를 해결하기 위해

● ● ● **낱말 풀이**
사고 : 생각하고 궁리하는 것
작용 : 어떠한 현상을 일으키거나 영향을 미치는 것
사상 : 어떠한 사물에 대하여 가지고 있는 구체적인 사고나 생각
추론 : 미루어 생각하여 논함
인지 : '무엇을 안다.'는 뜻

● ● ● **낱말 풀이**
편견 : 공정하지 못하고 한쪽으로 치우친 생각
제의 : 의견이나 의논, 의안을 내놓음. 또는 그 의견이나 의논, 의안

● ● ● **낱말 풀이**
자아 : 자기 자신에 대한 의식이나 관념

3. 어떤 활동을 할 때 사고가 필요할까? (모두 선택)

　① 글을 쓸 때　　　　　② 디자인을 할 때

　③ 계산을 할 때　　　　　④ 발명을 할 때

　⑤ 시험을 볼 때　　　　　⑥ 바둑을 둘 때

　⑦ 책을 읽을 때　　　　　⑧ 배운 내용을 복습할 때

정확하게 읽기

어항 하나로도 다양한 생각을 할 수 있다!

세계 여러 나라의 학생들이 다니는 국제 학교에서 한 선생님이 책상 위에 물고기가 들어 있는 어항 하나를 갖다 놓았다.

"이 어항을 보고 자유롭게 감상*하도록 하세요."

약 한 시간이 흘렀을까. 선생님은 학생들에게 한 명씩 나와서 어떤 생각을 했는지 발표하도록 했다.

처음 발표한 프랑스 학생은 다음과 같이 발표했다.

"저는 이 어항을 예쁘게 꾸미는 방법에 대해서 생각해 봤어요. 자연과 같은 환경을 만들어 주기 위해, 자갈이나 수초*를 어항 안에 넣으면 좋을 것 같아요."

다음은 일본 학생이 발표할 차례였다.

"저는 이 어항을 어떻게 팔 것인지 생각해 봤습니다. 보통 물고기를 기르는 사람은 남자보다는 여자가 많기 때문에 여자의 취향*을 생각해서 디자인을 새롭게 꾸미면 좋겠습니다."

일본 학생의 발표가 끝나자 중국 학생이 발표했다.

"저는 어항 안의 물고기를 어떻게 요리할 것인지 생각해 봤는데요. 물고기가 작으니까, 구워서 먹는 것보다는 튀겨서 먹는 게 좋지 않을까요?"

마지막으로 미국 학생이 발표했다.

"저는 어떻게 어항을 만들까 생각했어요. 어항을 만들 수 있는 재료에는 유리, 플라스틱 등이 있는데, 저는 플라스틱은 환경에 나쁘기 때문에 무겁고 깨질 위험이 있더라도 유리를 사용해서 만들고 싶어요."

학생들의 발표가 끝나자 선생님이 말했다.

● ● ● **낱말 풀이**

감상 : 마음속에서 일어나는 느낌이나 생각

수초 : 물속이나 물가에 자라는 풀

취향 : 하고 싶은 마음이 생기는 방향. 또는 그런 경향

"물고기가 든 어항 하나를 보여 준 것뿐인데, 서로 생각한 게 너무 다르죠? 이처럼 같은 사물을 보더라도 보는 사람이나 보는 방식*에 따라 생각이 달라질 수 있답니다."

위 이야기에서 학생들은 모두 똑같은 어항을 보고 있지만, 어항을 바라보는 각도*는 전부 달랐다. 하지만 만약 선생님이 "이 어항을 예쁘게 꾸밀 수 있는 방법을 생각해 보세요."라고 말했다면 어땠을까? 예쁘게 꾸밀 수 있는 방법에 대해서는 다양한 의견이 나올 수 있겠지만, '물고기 요리법', '어항 파는 법'과 같은 의견은 나오지 않을 것이다.

우리는 같은 사물에 대해 서로 다른 생각을 할 수 있다. 따라서 상대방이 어떤 생각을 갖고 있는지 대화를 통해 충분히 알아야 한다. 그렇지 않으면 같은 상황에서도 서로 다른 각도로 이해함으로써 오해가 생길 수 있다.

기억하며 풀기

우리는 같은 사물에 대해 서로 다른 생각을 할 수 있기 때문에 자칫 잘못하면 같은 상황에서도 서로 다른 각도로 이해함으로써 오해가 생길 수 있다. 그럼 다음 문제를 풀어 보자.

1. 컴퓨터에 쓸모없는 말을 입력하면 어떤 답이 나올까?

　① 좋은 말　② 쓸모없는 말　③ 거짓말　④ 진실한 말

2. 프랑스 학생은 어항을 보고 어떤 생각을 했을까?

　① 어항을 어떻게 팔까?　　　② 물고기를 어떻게 요리할까?

　③ 어항을 어떻게 꾸밀까?　　④ 어항을 어떻게 만들까?

3. 일본 학생은 어항을 어떤 관점*에서 바라보았을까?

　① 경제적인 관점　　　　　② 실용*적인 관점

　③ 미적*인 관점　　　　　　④ 기술적인 관점

● ● ● 낱말 풀이

방식 : 일정한 방법이나 형식

각도 : 생각의 방향이나 관점

입력 : 문자나 숫자를 컴퓨터가 기억하게 하는 일

● ● ● 낱말 풀이

관점 : 사물이나 현상을 관찰할 때, 그 사람이 보고 생각하는 태도나 방향 또는 처지

실용 : 실제로 씀. 또는 실질적인 쓸모

미적 : 사물의 아름다움에 관한 것

4. 학자들이 '닭'을 조류 독감[*]의 근원[*]이라고 생각한다면, 요리사들은 '닭'을 어떻게 볼까?

① 닭은 맛있는 음식이다   ② 닭은 영양이 풍부하다

③ 닭은 노인들이 먹기에 적합하지 않다   ④ 닭은 값이 싸다

5. 사물을 이해하는 데 영향을 주는 요소는? (모두 선택)

① 교육 수준   ② 종교   ③ 문화   ④ 전통

정확하게
읽기

지능과 사고력은 무슨 관계?

인숙이는 요즘 걱정이 태산[*]이다. 며칠 후면 리코더 실기 시험으로 '종소리'라는 노래를 연주해야 하는데, '삑삑' 귀 따가운 소리만 나고 예쁜 음이 안 나기 때문이다. 리코더를 붙잡고 울상을 짓는 인숙이를 본 아빠가 물었다.

"우리 인숙이, 요즘 고민 있구나?"

"네…. 사실은 며칠 후면 리코더 실기 시험이 있는데, 삑삑 소리만 나서 연주는커녕 놀림만 받게 생겼어요."

인숙이의 고민을 들은 아빠가 호탕하게 웃으며 말했다.

"하하, 잘 하면 되지 놀림 받을 생각부터 하면 어떡하니?"

아빠가 웃는 것을 보고, 인숙이는 처음보다 더 울상을 지었다.

"열심히 해도 안되는 걸 어떡해요. 저는 리코더에 소질[*]이 없는 게 분명해요."

인숙이의 말을 들은 아빠는 인숙이에게 '한번 연주해 보라.'고 했다. 그리고 '삑삑'거리며 연주하는 인숙이의 모습을 사뭇[*] 진지한 표정으로 지켜보았다. 연주가 끝난 후 인숙이가 아빠를 바라보자, 아빠는 빙그레 미소 지으며 말하기 시작했다.

"인숙아, 입을 좀 더 동그랗게 오므리고 리코더를 불어 보렴."

아빠의 말대로 소리를 내니, 신기하게도 예쁜 음이 흘러나왔다. 놀라서 눈을 동그랗게 뜬 인숙이를 보고 아빠는 말을 이었다.

"아빠 생각에는 인숙이가 요령[*]이 조금 부족했던 것 같구나. 요령만 알면, 실

력이 쑥쑥 오르는 것은 한순간이란다."

지능은 보편적*으로 한 사람의 총명*함과 잠재력*을 가리킨다. 지능은 태어날 때 유전자나 어린 시절 환경에 의해 결정된다. 그렇기 때문에 어린 시절이 지난 후에 지능을 높이는 것은 어렵다. 하지만 수영, 운전, 악기 연주 등을 할 때 필요한 사고력은 타고난 것이 아니기 때문에, 요령을 알고 연습하면 충분히 높아질 수 있다.

지능과 사고력의 관계는 자동차의 성능*과 운전 기술의 관계와 같다. 아무리 자동차의 성능이 좋아도 운전 기술이 형편없으면, 자동차의 성능은 발휘*되지 못할 뿐더러, 자신과 다른 사람의 생명이 위험해질 수도 있다. 마찬가지로 지능이 아무리 높아도 사고력이 형편없으면, 자신이 가진 잠재력을 힘껏 발휘할 수 없다. 따라서 자신의 잠재력을 힘껏 발휘하기 위해서는 반드시 사고력을 높여야만 한다.

● ● ● **낱말 풀이**

보편적 : 두루 널리 미치는 것. 모든 것에 공통되거나 들어맞는 것
총명 : 썩 영리하고 재주가 있음
잠재력 : 겉으로 드러나지 않고 속에 숨어 있는 힘
성능 : 기계 등이 지닌 성질이나 기능
발휘 : 재능, 능력 따위를 떨치어 나타냄

기억하며
풀기

지능이 아무리 높아도 사고력이 없으면 우리는 잠재력을 발휘하기 어렵다. 그만큼 사고력은 중요하다. 그럼 다음 문제를 풀어 보자.

1. 다음 내용은 옳을까?

사고력은 높일 수 있다

① 옳다   ② 옳지 않다

2. 다음 내용은 옳을까?

지능이 높은 사람은 반드시 사고력도 높을 것이다

① 옳다   ② 옳지 않다

3. 다음 내용은 옳을까?

> 성능이 높은 자동차도 때에 따라서는 성능을 완벽하게 발휘하지 못할 수도 있다

① 옳다   ② 옳지 않다

4. 다음 내용은 옳을까?

> 지능이 높은 사람은 반드시 사고력이 있어야 자신의 총명함과 지혜를 발휘할 수 있다

① 옳다   ② 옳지 않다

5. 다음 내용은 옳을까?

> 지능이 높은 사람이라도 사고력이 없으면 헛되게 자신의 재능*을 낭비할 수 있다

① 옳다   ② 옳지 않다

• ● ● ○ **낱말 풀이**

재능 : 어떤 일을 하는 데 필요한 재주와 능력. 개인이 타고난 능력과 훈련에 의하여 획득된 능력을 아울러 이른다

머릿속에 넣기

🐵① 사고란 바로 생각과 사상이 생기는 과정이다.

🐵② 사고는 인지 활동을 통해 어떤 일을 이해하고, 결정을 내릴 수 있도록 돕는다.

🐵③ 사람마다 같은 사물에 대해 서로 다른 생각을 할 수 있다.

🐵④ 사고력은 요령을 알고 연습하면 충분히 높아질 수 있다.

2.올바른 사고

연필은 글씨를 적을 때 쓰고, 가위는 종이 등을 자를 때 쓴다. 자는 길이를 잴 때 쓰고, 나침반은 방향을 알고자 할 때 쓴다. 이처럼 각 도구들마다 쓰임새가 다르며, 우리는 쓰임새에 따라 알맞은 도구를 선택해야 한다. 사고도 마찬 가지다. 올바른 결정을 내리기 위해서는 각 상황에 적합한 생각의 도구를 선택해야 한다.

오늘의
배울거리

영원히 변하지 않는 것

옛날에 어느 나라에 궁금이가 살았다. 궁금이는 '이 세상에서 영원히 변하지 않는 것'을 손에 넣고 싶었다.

그러던 어느 날, 이웃 나라에 사는 할아버지 한 명이 이 세상에서 가장 똑똑하다는 소식을 들었다. 궁금이는 그 할아버지를 찾아가서 물었다.

"할아버지, 이 세상에서 영원히 변하지 않는 것은 무엇일까요?"

그러자 할아버지가 대답했다.

"영원히 변하지 않는 것이라…. 내가 100년을 살았는데, 영원히 안 변하는 것은 지식*뿐이었어."

할아버지의 대답을 듣고 궁금이는 자신의 나라로 돌아와 경험, 책, 연구 등을 통해 지식을 쌓기 시작했다. 50년이 흘러, 궁금이는 자신의 지식을 바탕으로 이 세상에서 가장 빨리 달리는 로봇을 발명했다. 그리고 이 발명 덕분에 나라에서 으뜸가는 지식인으로 손꼽히게 됐다.

하지만 1년이 지나, 궁금이가 발명한 로봇보다 더 빠르고 똑똑한 로봇이 쏟아져 나오기 시작했다. 궁금이는 '지식도 변한다.'는 사실을 깨닫게 되었다.

● ● ● 낱말 풀이

지식 : 어떤 대상에 대하여 배우거나 실천을 통하여 알게 된 명확한 인식이나 이해. 알고 있는 내용이나 사물

궁금이는 다시 영원히 변하지 않는 것을 찾기 시작했고, 그러던 중 먼 나라에 사는 할머니 한 명이 이 세상의 모든 것을 알고 있다는 이야기를 들었다. 궁금이는 할머니를 찾아가서 물었다.

"할머니, 이 세상에서 영원히 변하지 않는 것은 무엇일까요?"

그러자 한참을 곰곰이 생각하던 할머니가 대답했다.

"영원히 변하지 않는 것을 찾는 건 무척 어려운 일이지. 영원할 것이라고 찰떡같이 믿어도 어느 순간 변하니까 말이야. 내가 500년을 살면서 변하지 않았던 것은 바로 생각하는 기술이었어. 마음도 변하고, 생각도 변하지만 기술만큼은 한 번 익히면 바뀌지 않거든."

경험, 지식 등은 한 번 익히면 영원히 내 것이 될 것 같지만, 사실 새로운 경험이나 지식을 쌓으면 예전에 익힌 경험과 지식은 쓸모없는 것이 된다. 하지만 한 번 익힌 생각의 기술은 변하지 않는다. 따라서 경험, 지식에 생각의 기술까지 갖추면 그것을 활용하며 자신의 능력을 한껏 발휘할 수 있을 뿐만 아니라, 새로운 경험과 지식을 풍부하게 쌓을 수 있다.

정확하게 읽기

도구를 찾자!

화창한 주말, 지영이는 엄마와 함께 카레를 만들기로 했다.

"지영아, 카레를 만들기 전에 어떤 것들을 준비해야 할까?"

엄마가 지영이에게 물었다.

"당연히 재료*를 준비해야죠! 카레, 감자, 당근, 양파, 고기가 있어야 할 것 같아요."

지영이의 자신만만한 대답에 엄마가 웃으며 말했다.

"하하! 그럼 카레, 감자, 당근, 양파, 고기만 있으면 뚝딱 만들어질까?"

엄마의 물음에 한참 동안 갸우뚱하던 지영이가 무릎을 탁 쳤다.

"아, 맞다! 도구*가 있어야 돼요. 냄비, 칼, 도마, 프라이팬이 필요할 것 같아요."

그러자 엄마가 또 물었다.

● ● ● 낱말 풀이
재료 : 물건을 만드는 데 필요한 것
도구 : 일을 할 때 쓰는 연장을 통틀어 이르는 말. 어떤 목적을 이루기 위한 수단이나 방법

"냄비, 칼, 도마, 프라이팬이 왜 필요하다고 생각했니?"

"냄비는 카레를 넣고 끓여야 하니까 필요하고, 칼과 도마는 재료를 썰 때 필요해요. 프라이팬은 재료를 볶을 때 사용하고요."

지영이가 대답하자, 엄마가 빙그레 웃으며 말했다.

"응. 네 말이 맞아. 카레를 만들려면 냄비, 칼, 도마, 프라이팬이 기본적으로 필요하지. 그런데 만약 카레를 프라이팬에 넣고 끓이면 안 되겠지? 프라이팬은 야채를 볶을 때 사용하는 도구니까 말이야. 카레를 만드는 것뿐 아니라 모든 일에는 도구가 필요한 법이야. 그것도 쓰임에 딱 맞는 도구여야만 하지."

부엌 서랍 안에는 냄비, 프라이팬, 칼, 컵, 그릇, 접시, 국자 등 많은 주방 도구들이 있다. 이런 도구들은 각각 쓰임이 다르다. 앞의 이야기에서도 말했듯이 야채를 볶기 위해서는 프라이팬을 사용해야 하고, 재료를 썰 때는 칼을 사용해야 한다. 이처럼 각 도구들은 각자의 쓰임이 정해져 있다.

부엌 서랍과 마찬가지로 우리 머리도 간단한 생각의 도구를 넣어 둘 수 있다. 그리고 이러한 생각의 도구는 필요할 때마다 골라서 쓸 수 있으며, 우리들로 하여금 몰입하여 사물을 생각할 수 있도록 도와준다.

생각의 도구를 사용하는 기술을 알면 우리는 어떤 상황에서도 이것을 자유롭게 활용할 수 있다. 수영을 배우고 나면 어떤 물에서도 자유롭게 놀 수 있는 것처럼 말이다.

기억하며
풀기

● ● ● 낱말 풀이
논쟁 : 서로 다른 의견을 가진 사람들이 각각 자기의 주장을 말이나 글로 논하여 다툼

가위, 풀, 연필 등 각각의 도구에는 제각기 쓰임이 정해져 있다. 생각의 도구도 마찬가지로 그 쓰임새를 알면 필요할 때마다 골라서 쓸 수 있다. 그럼 다음 문제를 풀어 보자.

1. 생각의 도구란 무엇일까?

① 우리의 생활을 도와주는 도구이다

② 우리가 생각하는 것을 도와주는 도구이다

③ 우리의 학습을 도와주는 도구이다

④ 우리의 논쟁*을 도와주는 도구이다

2. 생각의 도구는 우리에게 어떤 좋은 점이 있을까?

① 몰입*하여 행동하게 한다

② 반복적으로 생각하게 한다

③ 몰입하여 사물을 생각하게 한다

④ 기억력을 회복*하게 한다

● ● ● 낱말 풀이

몰입 : 깊이 파고들거나 빠짐

회복 : 원래의 상태로 돌이키거나 원래의 상태를 되찾음

정확하게
읽기

어떤 잘못된 사고 습관을 갖고 있을까?

진정으로 사고할 줄 아는 사람이 되려면 자신이 어떤 잘못된 사고 습관을 갖고 있는지를 관찰해 볼 필요가 있다. 그럼, 잘못된 사고 습관에는 어떤 것이 있는지 살펴보자.

1) 자기중심적으로 사고한다.

　언제나 자신의 생각이 다른 사람보다 뛰어나다고 믿는 것이다.

2) 변화를 거부*한다.

　새로운 방법을 생각해 보기도 전에 거절한다.

3) 여론에 순응*한다.

　고민해 보지도 않고 무조건 다른 사람들의 의견이나 생각을 따른다.

4) 선입관*을 갖는다.

　어떤 사실을 미리 판단하고 분류한다.

5) 책임을 회피*한다.

　자신의 행동에 대해 변명하고, 자신을 보호하려고 한다.

● ● ● 낱말 풀이

거부 : 요구나 제의 등을 받아들이지 않고 물리침

순응 : 환경이나 변화에 적응하여 익숙해지거나 체계, 명령 등에 적응하여 따름

선입관 : 어떤 대상에 대하여 이미 마음속에 가지고 있는 고정적인 관념이나 관점

회피 : 꾀를 부려 마땅히 져야 할 책임을 지지 않는 것

앞에서 우리는 잘못된 사고 습관에 대해 살펴보았다. 그동안 잘못된 사고 습관을 갖고 있지는 않았는지 스스로 점검해 보고, 다음 문제를 풀어 보자.

1. 다음은 잘못된 사고 습관 중 어디에 속할까?

> 이건 내 잘못이 아니야. 나는 어떤 선택도 할 수 없었어

① 자기중심적으로 사고한다　　② 변화를 거부한다

③ 여론에 순응한다　　④ 선입관을 갖는다

⑤ 책임을 회피한다

2. 다음은 잘못된 사고 습관 중 어디에 속할까?

> 한국 자동차는 정말 믿을 만해

① 자기중심적으로 사고한다　　② 변화를 거부한다

③ 여론에 순응한다　　④ 선입관을 갖는다

⑤ 책임을 회피한다

3. 다음은 잘못된 사고 습관 중 어디에 속할까?

> 많은 사람들이 그의 의견을 믿어 주는데, 나도 당연히 사람들의
> 의견을 존중해야지

① 자기중심적으로 사고한다　　② 변화를 거부한다

③ 여론에 순응한다　　④ 선입관을 갖는다

⑤ 책임을 회피한다

정확하게
읽기

어떤 태도를 가져야 할까?

태도는 사고의 모든 과정에 영향을 준다. 그러므로 생각하기 좋아하는 사람이라면 반드시 다음과 같은 태도를 가져야 한다.

1) 우리는 모든 일에 대해 생각할 수 있다.

2) 사고는 한 가지 기술이다. 학습과 단련*을 통해 끊임없이 발전할 수 있다.

3) 사실과 증거를 토대*로 객관적으로 사고해야 한다.

4) 사고의 목적은 더 훌륭한 생각을 얻기 위한 것이다.

5) 여러 가지 관점에 귀를 기울이고 너그럽게 받아들인다.

6) 다른 사람의 시각에서 문제를 보려고 애쓴다.

7) 새로운 관점을 내놓는 것을 두려워하지 않는다.

● ● ● **낱말 풀이**

단련 : 몸과 마음을 굳세게 함. 어떤 일을 반복하여 익숙하게 됨

토대 : 어떤 사물이나 사업의 밑바탕이 되는 기초와 밑천을 비유적으로 이르는 말

앞에서 사고할 때 가져야 할 태도에 대해 살펴보았다. 다음 문제를 풀어 보면서 사고할 때 어떤 태도를 가져야 하는지 생각해 보자.

1. 다음은 어떤 태도일까?

> **여러 가지 각도에서 문제를 생각한다**

① 올바른 태도　　　　　　② 잘못된 태도

2. 다음은 어떤 태도일까?

> **사고를 하면 끊임없이 발전한다**

① 올바른 태도　　　　　　② 잘못된 태도

3. 다음은 어떤 태도일까?

> **무조건 다른 사람들의 생각을 따른다**

① 올바른 태도　　　　　　② 잘못된 태도

낱말 풀이

증거 : 어떤 사실을 증명할 수 있는 근거

4. 다음은 어떤 태도일까?

증거*로 결론을 얻어 낸다

① 올바른 태도 　　　　　　② 잘못된 태도

5. 다음은 어떤 태도일까?

언제나 상대방이 잘못했다고 말한다

① 올바른 태도 　　　　　　② 잘못된 태도

🐻① 잘못된 사고 습관은 다음과 같다.

　　1. 자기중심적으로 사고한다.

　　2. 변화를 거부한다.

　　3. 여론에 순응한다.

　　4. 선입관을 갖는다.

　　5. 책임을 회피한다.

🐻② 사고 도구는 우리들로 하여금 몰입하여 사물에 대해 생각할 수 있

　　도록 도와준다.

오늘의 날짜

월 일

3. 장점, 단점, 즐거움 찾기

선택의 순간이 왔을 때, 어떻게 해야 후회하지 않을 결정을 내릴 수 있을까? 올바른 결정을 내리기 위해서는 장점, 단점을 잘 따져 봐야 한다. 그리고 이 결정으로 인해 내가 누리게 될 즐거움이 무엇인지도 생각해 봐야 한다. 앞으로 어떤 선택을 하는 게 좋을지 망설여질 때는 장점, 단점, 즐거움을 찾아보자.

정확하게
읽기

한 번 실패했다는 이유만으로

라면을 만들어 파는 회사가 있었다. 상품개발팀의 팀장, 기표는 새로운 상품 개발을 위해 고민하던 중, '건강에 좋은 마늘을 사용하여 라면을 만들어 보면 어떨까?'라는 아이디어가 떠올랐다.

그날부터 기표는 마늘 관련 정보를 수집하고, 다른 라면 회사의 사례*를 찾기 시작했다. 그러던 중 1년 전에 다른 라면 회사에서 마늘 라면을 개발했지만, 별로 팔리지 않았다는 사실을 알게 됐다.

'왜 안 팔린 걸까? 마늘은 건강에도 좋은데….' 한참을 고민한 기표는 직접 그 마늘 라면을 먹어 보기로 했다. 직접 먹어 본 기표는 마늘 냄새가 너무 많이 나고, 국물 맛이 텁텁하다*고 느꼈다. 기표는 마늘 냄새를 좀 줄이고, 국물 맛을 개운하게 낼 수 있는 비법*을 연구하기 시작했고, 결국 비법 개발에 성공했다.

기표는 당당히 사장을 찾아가 말했다.

"사장님, 마늘 라면을 만들어 보는 게 어떨까요?"

그러자 사장이 인상을 찌푸리며 대답했다.

"자네는 1년 전에 다른 회사에서 나온 마늘 라면이 망했다는 것도 모르나?"

● ● ● ● **낱말 풀이**

사례 : 어떤 일이 전에 실제로 일어난 예

텁텁하다 : 입안이 시원하거나 깨끗하지 못하다. 음식 맛 등이 시원하거나 깨끗하지 못하다

비법 : 공개하지 않고 비밀리에 하는 방법

사장의 대답에 기표는 자신이 작성한 기획서를 내밀며 말했다.

"그 마늘 라면이 실패한 원인을 알았고, 보완* 방법도 찾았습니다. 기획서대로만 보완하고 개발하면 승산*이 있을 것 같습니다."

하지만 사장은 기획서는 보지도 않고 코웃음을 쳤다.

"말귀를 못 알아듣네? 마늘은 해 봤자 망한다니까. 다른 아이템을 찾아오게."

결국 기표는 마늘 라면을 만들 수 없었다. 그로부터 두 달이 지났을까. 다른 라면 회사에서 마늘 라면이 나왔다. 그리고 그 마늘 라면은 사람들에게 큰 호응*을 받았다.

사장은 1년 전에 나왔던 마늘 라면이 실패했다는 이유 하나만으로, '마늘 라면은 안 된다.'고 생각했다. 이처럼 어떤 문제를 대할 때 편견*을 갖고 대하면, 문제의 본질*을 제대로 볼 수 없어서 잘못 판단하게 된다. 따라서 우리는 어떤 일이든 편견을 갖지 말고, 장점과 단점을 곰곰이 따져서 판단해야 한다.

정확하게 읽기

무슨 중학교에 갈까?

초등학교 6학년인 상희는 곧 있으면 중학생이 된다. 어느 날, 상희네 반 선생님은 반 아이들에게 가고 싶은 중학교가 어디인지 써 오라고 하셨다. 그동안 상희는 어느 중학교로 가고 싶은지 깊게 생각해 보지 않았기 때문에 어떻게 해야 할지 막막했다. 그래서 집에 가는 길에 단짝 친구인 진하에게 물었다.

"진하야, 너는 어디 중학교에 갈 거야?"

그러자 진하가 자신 있게 대답했다.

"나는 기쁨 중학교에 갈 거야. 집에서 가깝고, 언니도 기쁨 중학교를 나와서 교복을 새로 사지 않아도 되거든. 넌?"

상희는 생각이 확고한* 진하가 정말 대단하다고 생각했다.

"그럼 나도 기쁨 중학교에 갈래!"

같은 중학교에 간다고 하면 기뻐할 줄 알았던 진하는 고개를 갸우뚱하며 "왜?"라고 물었다. 상희는 우물쭈물하며 말했다.

"그야…. 네가 간다고 하니까…. 같이 다니면 좋잖아."

그러자 진하가 진지한 표정을 지으며 말하기 시작했다.

"상희야, 너는 피아니스트가 꿈이잖아. 지금도 매일 피아노 연습을 하고 있고 말이야. 피아니스트가 되고 싶으면, 일반 중학교보다는 예술 중학교에 가는 게 좋지 않을까?"

진하의 말을 들은 상희는 자신의 생각이 짧았다는 사실을 깨달을 수 있었다.

상희는 장점과 단점을 꼼꼼히 따져 보지 않고, 친구인 진하가 가는 학교로 결정을 내렸다. 만약 진하가 잘못된 점을 지적하지 않았다면 어땠을까? 아마도 먼 훗날 예술 중학교에 가지 않은 것을 후회하지 않았을까?

물론 일반 중학교에 가도 피아니스트라는 꿈을 이룰 수 있다. 하지만 영어, 수학 공부보다 피아노 연습을 더 많이 하는 예술 중학교에 다니는 아이들의 실력*을 따라잡기 힘들 것이다.

따라서 올바른 결정을 내리기 위해서 우리는 늘 장점과 단점을 꼼꼼히 따져 봐야 한다. 결정을 내릴 때는 늘 다음 세 가지 질문을 던져 보자. 다음 질문은 장점과 단점을 분석*하게 해 줘서 올바른 결정을 할 수 있도록 돕는다.

첫째, 나는 무엇 때문에 이 결정에 찬성하는 것일까?

둘째, 이 결정에는 어떤 단점이 있을까?

셋째, 이 결정을 한 후 어떤 즐거움이 있을까?

마치 시력이 낮은 사람이 안경을 쓰면 사물이 또렷하게 보이는 것과 같이 앞의 세 가지 질문은 올바른 결정이 어떤 것인지 보여 준다. 또한 마음이 끌리는 대로 쉽게 결정짓는 실수를 하지 않도록 돕는다.

● ● ● 낱말 풀이

실력 : 실제로 갖추고 있는 힘이나 능력

분석 : 얽혀 있거나 복잡한 것을 풀어서 개별적인 요소나 성질로 나눔. 개념이나 문장을 보다 단순한 개념이나 문장으로 나누어 그 의미를 명료하게 함

올바른 결정을 내리기 위해서 우리는 늘 장점과 단점을 꼼꼼히 따져 봐야 한다. 다음 문제를 풀면서 장점, 단점, 즐거움에 대해 정확히 알아 두자.

1. 다음 중 잘못된 생각은 무엇일까? (모두 선택)

① 여러 가지 각도로 문제를 살펴본 후 결정을 내린다

② 편견을 갖고 사물을 대한다

③ 마음이 끌리는 대로 결정을 내린다

④ 신중하게 고민하지 않고 결론을 내린다

2. 어떤 경우에 장점, 단점, 즐거움을 따져 봐야 할까?

① 책을 읽을 때   ② 밥을 먹을 때

③ 공부를 할 때   ④ 결정을 내릴 때

3. 다음 중 장점, 단점, 즐거움을 따져서 결정해야 하는 경우는? (모두 선택)

① 아파트를 사도 좋은지 고민이 된다

② 이민*을 가야 할지 고민이 된다

③ 어떤 직업을 선택해야 할지 고민이 된다

④ 어떤 악기를 배워야 할지 고민이 된다

⑤ 공부를 할 때 어떤 과목부터 해야 할지 고민이 된다

● ● ● 낱말 풀이

이민 : 자기 나라를 떠나 다른 나라로 이주하는 일

정확하게
읽기

도대체 어디가 삼각형인 거야!

일요일 오후, 선영이는 친구인 지원이와 영화를 보기로 하고, 약속 장소를 정하기 위해 통화 중이다.

"지원아, 우리 어디에서 만날까?"

"나팔꽃마을에 삼각형 모양의 교회가 있어. 거기 앞에서 보자!"

"좋아, 이따 봐!"

외출 준비를 마친 선영이는 '삼각형 모양의 건물이면 특이하니까 찾기 쉽겠

다.'고 생각하며 나팔꽃마을로 향했다. 선영이는 나팔꽃마을을 돌아다니며 삼각형 모양의 지붕을 찾았지만 아무리 찾아도 지원이가 말한 삼각형 모양의 건물은 눈에 띄지 않았다.

'마을 한 바퀴를 거의 다 돈 것 같은데, 왜 안 보이지?'

결국 마을 몇 바퀴를 돌고도 못 찾은 선영이는 지나가는 사람에게 길을 물어서 겨우 교회에 도착했다. 교회를 본 순간 선영이는 허탈*함을 느꼈다. 교회의 문 모양이 삼각형이었던 것이다.

지원이가 말한 삼각형은 교회의 문 모양이었고, 선영이가 생각한 삼각형은 교회의 지붕 모양이었다. 이처럼 같은 사물이라도 서로 관점이 다르면 같은 의견이 나올 수 없고 평가도 달라진다.

사람들의 관점은 제각기 다르다. 따라서 우리는 사물을 판단할 때 이 점을 유의해야 한다. 사람들은 사물에 대해 확실한 믿음이 있을 때 더 이상 자세한 관찰이 필요 없다고 생각한다. 하지만 그럴수록 우리는 '장점과 단점, 즐거움'을 찾아봐야 한다. 이렇게 하면 사물을 전면적*으로 관찰할 수 있기 때문이다.

우리는 그 어떤 관점도 경솔하게 부정하지 말아야 한다. 관점마다 제각기 장단점이 있기 때문에 서로 다른 관점을 융통성* 있게 받아들이고, 실생활에 잘 응용*해야 한다.

● ● ● 낱말 풀이

허탈 : 몸에 기운이 빠지고 정신이 멍함. 또는 그런 상태

전면적 : 일정한 범위 전체에 걸치는 것

융통성 : 그때그때의 사정과 형편을 보아 일을 처리하는 재주. 또는 일의 형편에 따라 적절하게 처리하는 재주

응용 : 어떤 이론이나 이미 얻은 지식을 구체적인 개개의 사례나 다른 분야의 일에 적용하여 이용함

기억하며
풀기

사람들의 관점은 제각기 다르다. 다음 문제를 통해 관점에 대해 정확히 알고, 실생활에 응용할 수 있는지 생각해 보자.

1. 전면적으로 문제를 판단하기 위해서는 어떻게 해야 할까?

　① 반대되는 시각으로 판단한다

　② 서로 다른 시각으로 판단한다

　③ 같은 시각으로 판단한다

　④ 비슷한 시각으로 판단한다

2. 사물에 대해 확실한 믿음이 있을 때 우리는 어떻게 생각할까?

   ① 열심히 관찰하면 웃음거리가 될 것이라고 생각한다

   ② 열심히 관찰하는 것은 불필요한 것이라고 생각한다

   ③ 열심히 관찰하는 것은 결단*을 내리는 것이라고 생각한다

   ④ 열심히 관찰하는 것은 쓸데없는 걱정이라고 생각한다

3. 교통 침체* 문제를 연구할 때 우리가 고려해야* 할 사람이나 단체의 관점은? (모두 선택)

   ① 주유소   ② 버스 회사   ③ 운전수

   ④ 시민들   ⑤ 정부   ⑥ 자동차 소매*업체

   ⑦ 지하철   ⑧ 편의점   ⑨ 환경 보호 운동가

정확하게
읽기

장점, 단점, 즐거움을 찾는 방법

장점, 단점, 즐거움은 어떻게 찾을 수 있을까? 다음 과정을 잘 익히면 우리는 장점, 단점, 즐거움을 찾을 수 있다.

1) 종이 위에 세 칸짜리 표를 여러 개 그린다.

2) 어떤 문제에 대한 자신의 의견을 있는 대로 적는다.

3) 의견마다 장점을 판단한다.

4) 의견마다 단점을 판단한다.

5) 즐거움을 찾는다.

6) 장점과 단점에 점수를 준다.

7) 단점의 총점을 장점의 총점에서 뺀다.

8) 어떤 의견을 선택하는 것이 좋은지 결정한다.

예를 들어 살이 쪄서 운동을 해야겠다고 결심했을 때, 우리는 다음과 같이 정리할 수 있다.

의견 : 축구

장점	단점	즐거움
· 친구들과 놀이처럼 할 수 있어 금방 지치지 않는다	· 혼자서는 할 수 없다	· 경기에서 이겼을 때 승리의 기쁨을 누릴 수 있다

의견 : 수영

장점	단점	즐거움
· 혼자서도 할 수 있다	· 수영장에서만 할 수 있다 · 수영복, 수영 모자, 물안경 등을 사야 한다 · 집 근처에 수영장이 없다	· 실력이 향상*되는 즐거움을 느낄 수 있다 · 바다, 계곡에 놀러 갔을 때 수영 실력을 뽐낼 수 있다

● ● ● 낱말 풀이
향상 : 실력, 수준, 기술 따위가 나아짐. 또는 나아지게 함

장점, 단점, 즐거움을 찾는 과정에 대해 앞에서 살펴보았다. 그렇다면 다음 문제를 통해 장점, 단점, 즐거움 찾기 중 어디에 해당하는지 확실히 알아보자.

1. 다음은 장점, 단점, 즐거움 찾기 중 어디에 해당할까?

> 차에 오르기가 더 쉽다

① 장점   ② 단점   ③ 즐거움

2. 다음은 장점, 단점, 즐거움 찾기 중 어디에 해당할까?

● ● ● 낱말 풀이
동기 : 어떤 일이나 행동을 일으키게 하는 계기

> 학습 동기*를 높인다

① 장점   ② 단점   ③ 즐거움

3. 다음은 장점, 단점, 즐거움 찾기 중 어디에 해당할까?

● ● ● 낱말 풀이
원가 : 상품의 제조, 판매, 배급 등에 든 재화와 용역을 단위에 따라 계산한 가격

> 생산 원가*를 높인다

① 장점   ② 단점   ③ 즐거움

4. 다음은 장점, 단점, 즐거움 찾기 중 어디에 해당할까?

손님이 빨간 색깔의 옷감*을 선택할 것이다

① 장점　　　　　② 단점　　　　　③ 즐거움

●　●　●　낱말 풀이

옷감 : 옷을 짓는 데 쓰는 천

5. 다음은 장점, 단점, 즐거움 찾기 중 어디에 해당할까?

시험 공부에 유익*하다

① 장점　　　　　② 단점　　　　　③ 즐거움

●　●　●　낱말 풀이

유익 : 이롭거나 도움이 될 만한 것
이 있음

6. 다음은 장점, 단점, 즐거움 찾기 중 어디에 해당할까?

쉽게 깨질 수 있다

① 장점　　　　　② 단점　　　　　③ 즐거움

7. 다음은 장점, 단점, 즐거움 찾기 중 어디에 해당할까?

시험에서 100점을 맞아 성취의 기쁨을 누렸다

① 장점　　　　　② 단점　　　　　③ 즐거움

8. 다음은 장점, 단점, 즐거움 찾기 중 어디에 해당할까?

부모님의 경제 부담*을 덜어 준다

① 장점　　　　　② 단점　　　　　③ 즐거움

●　●　●　낱말 풀이

부담 : 어떠한 의무나 책임을 짐

9. 다음은 장점, 단점, 즐거움 찾기 중 어디에 해당할까?

시민들의 수요*를 쉽게 찾아낸다

① 장점　　　　　② 단점　　　　　③ 즐거움

●　●　●　낱말 풀이

수요 : 어떤 상품이나 물건 등을 사
려고 하는 욕구

장점, 단점, 즐거움 찾기

앞에서 장점, 단점, 즐거움을 찾는 과정에 대해 살펴보았다. 그 과정을 머릿속에 찬찬히 떠올려 보면서 PDA(개인 휴대용 정보 단말기)로 수업하는 것에 대한 장점, 단점, 즐거움을 찾아보자.

책 대신 PDA로 수업하는 것

장점	단점	즐거움

① '장점, 단점, 즐거움'은 세 가지 방향에서 생각하도록 만든다.

    1. 나는 무엇 때문에 이 관점에 찬성할까?

    2. 이러한 관점은 어떤 단점이 있을까?

    3. 이러한 관점은 어떤 즐거움이 있을까?

② 사람들의 관점은 제각기 다르다

③ 다음 과정을 통해 장점, 단점, 즐거움을 찾을 수 있다.

    1. 종이 위에 세 칸짜리 표를 여러 개 그린다.

    2. 어떤 문제에 대한 자신의 의견을 있는 대로 적는다.

    3. 의견마다 장점을 판단한다.

    4. 의견마다 단점을 판단한다.

    5. 즐거움을 찾는다.

    6. 장점과 단점에 점수를 준다.

    7. 단점의 총점을 장점의 총점에서 뺀다.

    8. 어떤 의견을 선택하는 것이 좋은지 결정한다

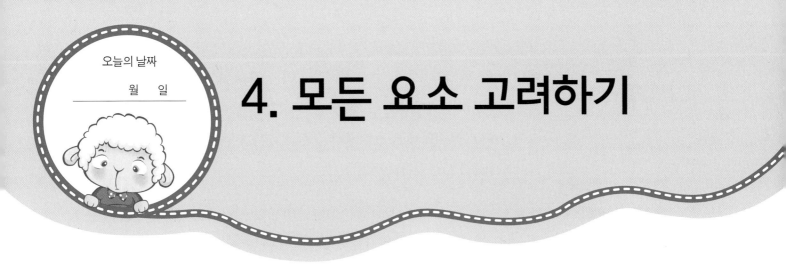

4. 모든 요소 고려하기

외출을 하는데 깜빡하고 양말을 안 신고 나갔다면 어떨까? 또 밥을 먹는데 숟가락이 없다면 어떨까? 우리가 어떤 일을 할 때, 필요한 요소 중에 하나라도 빠지면 제대로 일을 진행할 수 없다. 따라서 우리는 항상 필요한 요소는 빠트리지 않고, 모두 고려해야 한다. 그래야 올바른 결정을 내릴 수 있다.

오늘의 배울거리

이 가방을 살 거야!

서영이와 진영이는 새 학기를 맞아 책가방을 사기로 하고, 함께 쇼핑을 하러 갔다. 가방을 파는 가게에는 뒤로 매는 가방부터 옆으로 매는 가방, 작은 가방, 큰 가방까지 종류와 디자인이 다양했다.

"진영아! 이 가방도 예쁘고, 저 가방도 예뻐! 어쩜 좋아."

서영이는 가방을 둘러보며 찬사[*]를 아끼지 않았다.

"그런데 서영아, 네가 말한 가방들은 너무 작아서 책이 잘 안 들어갈 것 같은데? 디자인만 보지 말고 다른 요소[*]도 좀 생각해 봐!"

진영이가 걱정스러운 표정으로 말했다. 그러자 서영이가 대답했다.

"안 들어가는 책은 손으로 들고 다니면 되지!"

아무래도 서영이 귀에는 진영이의 우려[*]가 들리지 않는 듯했다. 결국 서영이는 디자인이 예쁜 가방들 중에서 고민을 거듭하다 가방을 샀다.

하지만 진영이는 서영이와 달랐다. 진영이는 가방이 튼튼하고 가벼운 재질[*]로 만들어졌는지, 크기와 가격이 적당한지, 디자인은 괜찮은지 등 가능한 한 많은 요소를 고려하여 가방을 샀다.

● ● ● **낱말 풀이**

찬사 : 칭찬하거나 찬양하는 말이나 글

요소 : 사물의 성립이나 효력 발생 등에 꼭 필요한 성분. 또는 근본 조건

우려 : 근심하거나 걱정함. 또는 그 근심과 걱정

재질 : 재료가 가지는 성질

서영이와 진영이가 가방을 산 날로부터 한 달이 지났다. 진영이는 책이 많을 때나 적을 때나 걱정이 없었다. 튼실한 책가방이 있기 때문이었다. 진영이는 튼튼하고 가벼운 가방이 만족스러웠다. 하지만 서영이는 책이 조금만 들어가도 꽉 차는 가방 때문에 항상 양손에 짐을 들고 다녀야 했고, 가방 때문에 학교 다니기 힘들다며 투덜거려야 했다.

'가방을 산다.'는 똑같은 상황에서 서영이와 진영이는 서로 다른 결정을 내렸다. 서영이는 디자인만 생각하고 가방을 결정한 반면 진영이는 재질, 크기, 가격, 디자인 등 다양한 요소를 고려하여 가방을 결정했다. 다양한 요소를 고려한 진영이는 만족스러운 선택을 할 수 있었지만, 디자인만 고려한 서영이는 잘못된 선택을 했고 결국 후회했다.

어떤 가방과 옷을 살지, 어떤 학교에 갈지, 어떤 직업을 가질지 등 우리는 살아가면서 수많은 결정을 내린다. 결정을 내릴 때, 우리는 모든 요소를 고려하는 것이 아니라 서영이처럼 눈에 잘 띄는 요소만 생각하기 쉽다. 하지만 모든 요소를 고려하지 않으면 잘못된 선택을 하기 쉽고 나중에 자신의 결정을 후회하는 일이 생긴다. 따라서 우리가 어떤 일에 대해 결정을 내려야 할 때는 모든 요소를 고려하여 결정을 내려야 한다.

정확하게
읽기

비 오는 날 산에 오를 때, 우산은 위험해!

오늘은 학교에 가지 않아도 되는 주말. 수정이는 아빠, 엄마와 함께 북한산에 오르기로 했다. 졸린 눈을 비비며 일어난 수정이는 창문을 보고 깜짝 놀랐다. 아침부터 보슬보슬 비가 내리고 있었던 것이다.

"엄마! 밖에 비 와요!"

수정이는 호들갑*을 떨며 엄마를 찾았다. 호들갑을 떠는 수정이와는 달리 엄마는 태연하게 대답했다.

"비가 많이 오는 것도 아니고, 오늘 일기 예보를 보니 낮에는 비가 그친다는구나. 등산 가도 상관없을 것 같은데?"

결국 비가 와도 등산을 가기로 결정한 수정이네 가족은 등산에 필요한 짐을

● ● ● 낱말 풀이

호들갑 : 경망스럽고 야단스러운 말이나 행동

챙기기 시작했다. 간단한 음식, 모자, 운동화, 등산복 등 아빠, 엄마는 빠진 짐이 없는지 꼼꼼히 체크했다. 그 모습을 유심히 지켜보던 수정이가 말했다.

"참! 비 오는데 우산을 안 챙겼잖아요!"

수정이는 자신이 중요한 것을 발견한 것 같아서 어깨가 으쓱해졌다. 그러자 아빠가 웃으며 말했다.

"비오는 날 산에 갈 때, 우산을 들고 가는 것은 위험하단다. 우산 꼭지에 번개가 맞을 수도 있거든. 그러니까 우리는 우산 대신 우비를 챙기자꾸나!"

수정이의 아빠는 비가 온다는 것, 산에 오르는 상황, 우산은 등산할 때 위험할 수 있다는 점 등 서로 연관[*]되는 요소를 전면적으로 고려하여 우산 대신 우비를 챙겼다. 이처럼 '모든 요소를 고려한다.'는 것은 서로 연관되는 요소를 전면적으로 고려하는 생각의 기술을 말한다. 이러한 생각의 기술을 쓰면 어떤 결정을 내리기 전에 결정에 영향을 주는 모든 요소에 대하여 상세하게[*] 검토하고 빠진 요소를 찾아내고, 모든 중요한 요소를 고려했는지 확인할 수 있다.

당시에는 옳은 선택이라고 생각했던 결정이 시간이 지난 후에 잘못된 선택이라고 밝혀진 경험이 있을 것이다. 이는 결정할 당시 중요한 요소를 빠뜨리고 고려하지 않았기 때문이다. 이러한 경우를 피하기 위해 아주 중요하고, 평생 영향을 주는 결정에 대해서는 반드시 모든 요소를 고려해야 한다.

● ● ● 낱말 풀이
연관 : 사물이나 현상이 일정한 관계를 맺는 일
상세하다 : 낱낱이 자세하다

기억하며 풀기

결정을 내릴 때 우리는 모든 요소를 고려하여 결정해야 한다. 그렇게 해야 잘못된 선택을 하지 않으며, 시간이 지나도 자신의 선택에 후회가 없다. 다음 문제를 풀어 보며 모든 요소를 고려하는 사고 기술에 대해 확실히 알아보자.

1. 결정을 내릴 때 사람들은 보편적[*]으로 어떤 잘못된 사고를 범할까?

　① 눈에 잘 띄지 않는 요소만 고려한다

　② 중요하지 않은 요소만 고려한다

　③ 눈에 잘 띄는 요소만 고려한다

　④ 중요한 요소만 고려한다

● ● 낱말 풀이
보편적 : 두루 널리 미치는 것. 모든 것에 공통되거나 들어맞는 것

2. '모든 요소를 고려'하는 이유는 무엇일까?

① 결정에 영향을 주는 빠뜨린 요소를 분별[*]하기 위하여

② 결정에 영향을 주는 빠뜨린 요소를 삭제하기 위하여

③ 결정에 영향을 주는 빠뜨린 요소를 찾아내기 위하여

④ 결정에 영향을 주는 빠뜨린 요소를 줄이기 위하여

3. 만약 중요한 사실에 대해 모든 요소를 고려하지 않고 결정을 내리면 어떻게 될까?

① 결정에 만족한다   ② 결정을 후회한다

③ 앞으로 어떠한 결정도 하지 않는다   ④ 아무런 생각도 하지 않는다

4. 사람들이 소파를 살 때 쉽게 빠뜨리는 요소는 무엇일까?

① 가격   ② 구조와 소재   ③ 수공[*] 디자인   ④ 현관 통과

5. 사람들이 직장을 선택할 때 쉽게 빠뜨리는 요소는 무엇일까?

① 직장의 전망[*]   ② 개인의 취미   ③ 급여   ④ 개인의 능력

6. 다음 중 '모든 요소를 고려하기'로 처리해야 하는 것은? (모두 선택)

① 해외 여행   ② 선물 사기   ③ 법례[*] 수정   ④ 목표 세우기

⑤ 상품 설계[*]   ⑥ 직장 바꾸기   ⑦ 거주지[*] 선택   ⑧ 애완견 키우기

정확하게 읽기

축제 준비를 위하여

선영이네 반은 다음 달에 있을 축제를 준비하기 위해 학급 회의를 하기로 했다. 축제에 대해 아이들이 앞 다투어 의견을 냈다.

"백설 공주와 일곱 난쟁이 연극을 하자!"

"우리 반 단체복은 노란색이 어때?"

"회비는 5,000원씩 걷자."

낱말 풀이

분별 : 서로 다른 일이나 사물을 구별하여 가름

낱말 풀이

수공 : 손으로 하는 비교적 간단한 공예

낱말 풀이

전망 : 앞날을 헤아려 내다봄

낱말 풀이

법례 : 법규의 적용 관계를 정한 법률이나 규정

설계 : 계획을 세움. 또는 그 계획

거주지 : 현재 거주하고 있는 장소

"점심은 비빔밥 먹을래?"

수많은 의견이 나왔으나 의견이 너무 제각각이라 정리가 잘되지 않았다. 반장인 선영이가 어쩔 줄 몰라 하자 옆에서 학급 회의를 지켜보던 선생님이 말했다.

"축제에 필요한 요소를 주제*별로 묶어서 의견을 받아 보는 게 어떨까?"

선영이는 선생님의 조언*대로 축제에 필요한 요소를 나누어 보았다. 축제 때 할 공연, 공연에 필요한 준비물, 반 단체복, 점심, 회비 등으로 요소로 크게 나누고 공연에 참여할 사람, 준비를 도와줄 사람 등 추가로 필요한 요소를 정리하였다.

이렇게 필요한 요소를 정리하여 의견을 받자 학급 회의는 수월히 진행될 수 있었고, 축제 준비에 필요한 것을 회의 시간에 전부 정할 수 있었다.

우리가 결정을 내리고 계획을 세울 때 모든 요소를 다 고려한다는 것은 결코 쉬운 일이 아니다. 눈에 잘 띄고 쉽게 발견할 수 있는 요소가 있는 반면, 쉽게 발견할 수 없는 요소도 있기 때문이다. 따라서 우리는 요소를 항목*별로 분류하고, 다른 사람들에게 조언을 구함으로써 어떤 요소가 빠졌는지 알 수 있다. 반대로 조언이 필요한 상대방을 도와 줌으로써 생각의 기술을 단련*해야 한다.

기억하며 풀기

눈에 잘 띄지 않고, 쉽게 발견할 수 없는 요소까지 모두 고려하기 위해서는 요소들을 항목별로 분류하고, 다른 사람들에게 도움을 받아야 한다. 이렇게 해서 모든 요소를 고려해야만 올바른 결정을 내릴 수 있다. 그럼 다음 문제를 풀어 보자.

1. 우리는 언제 모든 요소를 고려해야 할까?

　① 언제나　　② 행동할 때　　③ 행동한 후　　④ 행동하기 전

2. 다음 중 모든 요소를 고려하기 적합한 경우는?

① 분석할 때   ② 비교할 때   ③ 배열*할 때

④ 선택할 때   ⑤ 결정할 때   ⑥ 계획을 세울 때

3. 효과적으로 모든 요소를 고려하기 위해서는 어떻게 해야 할까?

① 다른 사람의 도움을 받는다   ② 마음대로 구상*한다

③ 늘 모든 요소를 고려하려고 노력한다   ④ 요소를 분류한다

⑤ 사용을 제한*한다   ⑥ 마음대로 생각한다

4. 의자를 디자인할 때 요소들을 어떻게 분류할 수 있을까? (모두 선택)

① 환경 보호   ② 원가   ③ 대상   ④ 기능   ⑤ 원단*   ⑥ 색깔

모든 요소 고려하기

다음 상황에서 고려해야 할 요소를 모두 찾아보자. '모든 요소 고려하기' 생각의 기술을 터득
하면 올바른 결정을 내리는 데 도움이 될 것이다.

1. 다음 상황에서 고려해야 할 요소는? (모두 선택)

> **가구를 선택할 때**

① 실내 간격   ② 실용 면적*   ③ 회의실 설비*   ④ 교통 시설

⑤ 건축 재료   ⑥ 주변 환경   ⑦ 관리 비용   ⑧ 아파트 정비*

2. 다음 상황에서 고려해야 할 요소는? (모두 선택)

> **학원 수업을 선택할 때**

① 학원 설비   ② 교사의 외모   ③ 수업 장소

④ 학생의 수   ⑤ 교사의 성별   ⑥ 수업의 질

⑦ 강의 수준   ⑧ 사용 언어   ⑨ 수강료

3. 다음 상황에서 고려해야 할 요소는? (모두 선택)

> **이민 갈 때**
>
> ① 치안*   ② 경제 발전   ③ 취업 상황
>
> ④ 남녀 비례   ⑤ 교육 정책*   ⑥ 언어 사용
>
> ⑦ 공기   ⑧ 생활 수준   ⑨ 신앙의 자유

● ● ● **낱말 풀이**

치안 : 나라를 편안하게 다스림. 또는 그런 상태. 국가 사회의 안녕과 질서를 유지 · 보전함

정책 : 정치적 목적을 실현하기 위한 방책

● ● ● **낱말 풀이**

언행 : 말과 행동을 아울러 이르는 말

국적 : 나라의 구성원이 되는 자격

● ● ● **낱말 풀이**

복리 : 행복과 이익을 아울러 이르는 말

빠뜨린 요소 찾기

모든 요소를 고려할 때, 빠진 요소를 찾아내는 것은 정말로 중요하다. 다음 상황을 살펴보고 빠진 요소가 있다면 어떤 것이 있는지 찾아보자.

1. 어떤 요소가 빠졌는지 적어 보자.

> 직원을 뽑을 때 : 외모, 학력, 경험, 나이, 성별, 성격, 언행*, 국적*, 급여, 능력

2. 어떤 요소가 빠졌는지 적어 보자.

> 직장을 찾을 때 : 직장의 특성, 월급, 복리*, 전망, 환경, 시간, 거주 지와의 거리

① 중요한 사건을 결정할 때 모든 요소를 고려하지 않으면 후회할 수 있다.

② 모든 요소 고려하는 방법

     1. 요소를 항목별로 분류한다.

     2. 다른 사람에게 도움을 청한다.

     3. 생각의 기술을 단련한다.

③ '모든 요소를 고려'한다는 것은 결정을 내리기 전에 빠뜨린 요소를 찾아내는 것이다.

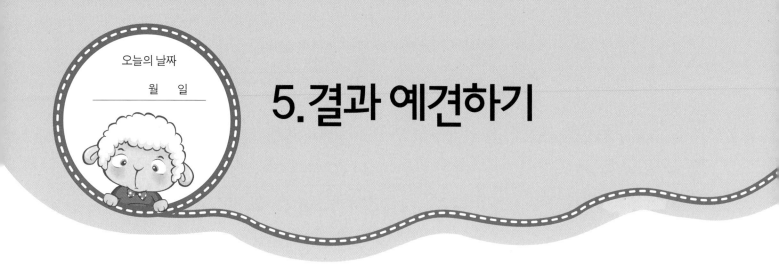

5. 결과 예견하기

만약 건강 검진을 받아야 해서 굶어야 하는 상황인데, 눈앞에 먹음직스러운 햄버거가 있다면 어떻게 할까? 햄버거를 먹는다면, 지금 당장의 허기는 달랠 수 있다. 하지만 건강 검진은 받을 수 없을 것이다. 우리는 결정을 내릴 때, 이 결정이 미래에 어떤 결과를 가져다줄 것인지 생각해 봐야 한다.

오늘의
배울거리

살아남은 사람들

2100년 6월 2일, 살아남은 건 이제 열 명의 인간뿐이다. 우리가 이 조그마한 캡슐에 틀어 박혀 살아간 지 벌써 20년이 넘었다. 우리는 하루에 한 알, 영양소를 보충해 주는 알약을 먹고 산다. 요리 같은 건 먹어 본 지 20년이 넘었다. 요리로 만들 수 있는 식물, 동물이 모두 멸종[*]됐기 때문이다.

캡슐 안으로 들어오고 난 후 20년 동안, 우리는 바깥 풍경이 어떻게 변했는지 더 이상 알 수 없다. 캡슐 밖에서 우리를 기다리는 건 죽음뿐이기 때문이다. 마지막으로 본 지구의 모습은 흙먼지가 흩날리고, 식물 한 포기 자라지 않는 삭막한[*] 모습이었다.

지금까지는 열 명 중 한 명이 뛰어난 과학자라 간신히 생명을 부지하[*]고 있지만, 이 과학자가 죽으면 아마 우리 인간도 머지않아 멸종하고 말 것이다. 이것이 모두 편리함만 좇은 인간들이 만들어 낸 결과다.

인간의 편리함을 위해 기술은 끊임없이 발전해 왔다. 냉장고, 텔레비전, 컴퓨터, 아파트 등은 지금 당장 인간들에게 편리함을 주지만, 온실 효과[*] 등 환경

● ● ● 낱말 풀이

멸종 : 생물의 한 종류가 아주 없어짐. 또는 생물의 한 종류를 아주 없애 버림

삭막하다 : 쓸쓸하고 막막하다

부지하다 : 상당히 어렵게 보존하거나 유지하여 나가다

온실 효과 : 대기 중의 수증기, 이산화탄소, 오존 등이 지표에서 우주 공간으로 향하는 적외선 복사를 대부분 흡수하여 지표의 온도를 비교적 높게 유지하는 작용

● ● ● 낱말 풀이

주범 : 어떤 일에 대하여 좋지 않은 결과를 만드는 주된 원인

경고 : 조심하거나 삼가도록 미리 주의를 줌

오염을 일으키는 주범*이기도 하다. 최근 신문, 방송 등의 언론에서는 환경 오염의 위험성에 대해 자주 경고*한다. 하지만 정작 사람들은 그 위험성에 대해 크게 생각하지 않는다. 일반적으로 사람들은 곧 일어나게 될 사건에만 호기심을 가지며, 미래에 대해서는 깊게 생각하지 않기 때문이다.

다이너마이트 발명!

노벨은 액체 폭약*을 생산하는 아버지를 돕는 평범한 청년이었다. 액체 폭약은 광산 니트로글리세린이라는 화학 물질을 원료*로 하고 있었는데 이것은 조그만 충격에도 잘 폭발하는 성질을 갖고 있었다. 그렇기 때문에 광산에서는 폭발 사고가 잦았고, 죽는 사람도 많았다.

어느 날, 아버지의 일을 돕다가 노벨은 실수로 실험대 위에 있던 액체 시약병*을 넘어뜨렸다. 때마침 실험대 위에 놓여 있던 숯가루 쪽으로 시약이 쏟아졌는데 모조리 스며들어 한 방울도 아래로 흘러내리지 않았다. 이 광경을 보고 노벨은 생각했다.

'맞아, 액체를 고체로 만들면 무척 안전하겠구나!'

그날 이후 그는 매일 숯가루, 톱밥*, 벽돌 가루 등에 니트로글리세린을 배합*해 고체로 만들어 폭발력을 실험했다. 그러나 하나같이 제대로 폭발하지 않거나 폭발해도 힘이 기준에 미치지 못했다. 그러던 어느 날, 니트로글리세린이 든 통을 기차에서 내리던 중 통 속의 액이 새어 나와 주위의 규조토*에 스며들어 굳어지는 것을 발견했다.

자세히 살펴보니 규조토는 이전 실험 재료에 비해 니트로글리세린을 두 배 이상 빨아들였다. 규조토로 실험한 결과 충분한 폭발력을 발휘할 만큼 흡수력이 뛰어나고, 망치로 두드려도 터지지 않을 만큼 안전했다. 노벨은 필요한 때만 터지는 이 고체 폭발물을 다이너마이트라고 이름 붙였다.

다이너마이트가 발명될 무렵, 수에즈 운하가 건설되고 알프스 산맥에 터널을 뚫는 등의 대공사가 줄을 이었고, 덕분에 다이너마이트는 나오자마자 엄청나게 팔려 나갔다.

● ● ● 낱말 풀이

폭약 : 센 압력이나 열을 받으면 폭발하는 물질

원료 : 어떤 물건을 만드는 데 들어가는 재료

시약병 : 화학 약품을 넣어 두는 병

톱밥 : 톱으로 켜거나 자를 때에 나무 등에서 쓸려 나오는 가루

배합 : 이것저것을 일정한 비율로 한데 섞어 합침

규조토 : 식물의 일종인 규조가 바다 밑이나 호수 밑에 쌓여서 이루어진 흙. 가볍고 무르며 흰색, 누런색, 회색 등을 띤다

노벨은 광산 폭발 사고로 사람들이 많이 죽는 것을 보고, 안전한 폭약을 만들고 싶어 했다. 그리고 그 결과, 성능이 뛰어나고 필요할 때만 터지는 다이너마이트를 발명했다. 이러한 다이너마이트는 광산 및 건설업에 바람직한 영향을 미쳤지만 훗날 전쟁의 무기로 쓰이고 만다. 사람을 돕고자 만든 다이너마이트가 사람을 죽이는 도구로 쓰이게 된 것이다.

다이너마이트를 비롯하여 사람들이 이루어 낸 수많은 발명과 발견은 우리에게 편리함을 줬지만, 시간이 지나면서 침통*한 대가를 치르게 하기도 했다. 이러한 사건이 다시 일어나지 않으려면 우리는 반드시 결과를 예견*할 수 있어야 한다. 이것은 우리가 결정을 내리기 전에 그 결정이 우리에게 어떤 영향을 주고, 어떤 결과를 가져올지 생각하게 도와준다.

● ● ● 낱말 풀이
침통 : 슬픔이나 걱정 따위로 몹시 마음이 괴롭거나 슬픔
예견 : 앞으로 일어날 일을 미리 짐작함

기억하며 풀기

인간에게 편리함을 주는 기술이 환경 오염, 생태계 파괴, 전쟁 등 오히려 독이 되어 돌아오는 경우가 있다. 이는 결과를 올바르게 예견하지 못했기 때문이다. 그럼 결과를 왜 예견해야 하고, 어떻게 예견해야 하는지 다음 문제를 풀어 보자.

1. 사람들은 왜 곧 일어날 사건에만 호기심을 가질까?

　　① 현재의 사건이 가져올 영향을 예측할 수 없어서

　　② 과거의 사건이 우리에게 주는 영향을 예측할 수 없어서

　　③ 미래의 일이 언제 발생할지 예측할 수 없어서

　　④ 과거의 일이 언제 다시 반복될지 예측할 수 없어서

2. 결과를 예견해야 하는 이유는 무엇일까?

　　① 현재의 원인을 단정*할 수 있다　　② 미래의 결과를 예견할 수 있다

　　③ 과거의 원인을 찾아낼 수 있다　　④ 현재의 원인을 짐작할 수 있다

● ● ● 낱말 풀이
단정 : 딱 잘라서 판단하고 결정함

3. 자동차는 인류에게 편리를 가져다주었다. 그렇다면 자동차에서 배출*된 이산화탄소는 수년 후 어떤 결과를 가져올까?

① 이산화탄소 때문에 지구의 자원*이 줄어든다

② 이산화탄소 때문에 지구에 폐기물*이 늘어난다

③ 이산화탄소 때문에 산소량이 늘어난다

④ 이산화탄소 때문에 생태 환경이 변한다

4. 술을 마시면 몇 년 후 어떤 결과가 생길까? (모두 선택)

① 인체 내 간 기능이 파괴*된다   ② 인체 내 폐 기능이 파괴된다

③ 인체 내 위 기능이 파괴된다   ④ 인체 내 신장 기능이 파괴된다

정확하게
읽기

20년 후에 나타난 가루약의 효과

2010년 3월 24일, 같은 날 알약 회사와 가루약 회사에서 각각 새로운 감기약을 출시*했다. 알약 회사의 감기약은 알약으로 간편하게 먹을 수 있었고, 감기에 대한 효과가 즉시 나타난다는 장점을 가지고 있었다. 반면 가루약 회사의 감기약은 가루약으로 물에 타서 먹어야 한다는 번거로움과 쓰다는 단점이 있었고, 알약 회사의 감기약만큼 효능*도 뛰어나지 않았다. 때문에 같은 날 출시되었지만, 판매 성과는 확연히 다를 수밖에 없었다. 알약 회사의 감기약이 불티나게 팔린 반면, 가루약 회사의 감기약은 많이 팔리지 못한 것이다.

그런데 이게 웬일일까. 그로부터 20년 후, 두 약의 판매 성과는 뒤집어졌다. 알약은 먹으면 효능이 즉각 나타났지만 먹으면 먹을수록 몸속에 내성*이 생긴다는 단점이 발견됐다. 그래서 이 알약은 시간이 지날수록 감기에 대한 효과를 발휘하지 못했다. 하지만 가루약은 처음엔 감기에 별다른 효과가 없는 듯했으나, 먹으면 먹을수록 몸속에 감기에 대한 면역력*이 생겼다. 그래서 시간이 지날수록 감기를 예방하는 데 큰 도움을 주었다.

알약으로 만든 감기약은 즉시 효력을 볼 수 있다는 장점이 있는 반면, 장기적으로 볼 때는 내성이 생긴다는 단점이 있었다. 가루약으로 만든 감기약은 지

금 당장은 효과가 별로 없지만 장기적으로는 면역력이 생겨 감기 예방에 도움을 준다는 장점이 있었다. 이처럼 똑같은 감기약이라도 시기에 따라 나타나는 결과는 확연히 다르다. 따라서 우리는 결과를 예견할 때 시기별로 어떤 영향을 미칠지 살펴봐야 한다.

시기는 '즉시(1년 내)', '단기(1~5년 사이)', '중기(5~20년 내)', '장기(20년 이후)'로 나누어 볼 수 있으며, 각 시기에 일어날 수 있는 결과의 장단점을 제대로 파악해야 우리는 올바른 결정을 내릴 수 있다. 그뿐만 아니라 자신이 내린 결정이 자신과 다른 사람에게 어떤 영향을 주는지 고려해야 한다.

기억하며 풀기

올바른 결정을 내리기 위해서는 각 시기에 일어날 수 있는 결과의 장단점을 제대로 파악해야 한다. 단기의 결과와 장기의 결과가 바뀔 수도 있기 때문이다. 그럼 다음 문제를 풀어 보자.

1. 올바른 결정을 내리려면 어떻게 해야 할까?

① 단기, 장기의 장점과 단점을 고려해야 한다

② 중기, 장기의 장점과 단점을 고려해야 한다

③ 어떠한 시기의 장점과 단점을 고려해야 한다

④ 각 시기의 장점과 단점을 고려해야 한다

2. 어렸을 때 열심히 공부하면 어떤 결과가 올까?

① 어른이 돼서 성공한다   ② 노력한 만큼 성공하지 못한다

③ 시험 점수에만 집착하게 된다   ④ 공부하기 싫어진다

3. 다음 중 단기와 장기의 결과가 달라지는 경우는? (모두 선택)

① 즐겁게 공부했다   ② 살충제를 뿌렸다

③ 운동선수가 금지 약물을 복용했다   ④ 게임에 빠졌다

⑤ 시험을 볼 때 부정행위를 했다   ⑥ 힘들어도 포기하지 않았다

실천해
보기

결과 예견하기

앞에서 우리는 결정을 내리기 전, 결과를 예견해야 한다는 사실을 배웠다. 그리고 결과를 예견할 때 어떤 점을 고려해야 하는지도 알아보았다. 그럼 다음 문제를 풀어 보면서, 결과를 예견하는 연습을 해 보자.

1. 다음 사실의 결과를 예견해 보자.

> 학교에 시험이 없다

① 학교가 없어진다   ② 직장을 잃는 교사들이 많아진다

③ 학생들이 학교에 가지 않는다   ④ 학생들을 평가할 기준이 사라진다

2. 다음 사실의 결과를 예견해 보자.

> 더 이상 학생들에게 중학교에 진학하라고 강요*하지 않는다

① 많은 어머니들이 돈벌이를 위해 외지*로 나선다

② 너무 일찍 학교를 떠난 학생은 직장을 찾기 어려워진다

③ 유능한 사람이 많이 나타난다

④ 학업을 포기하는 사람들이 대량*으로 나타난다

● ● ● **낱말 풀이**
강요 : 억지로 또는 강제로 요구함
외지 : 자기가 사는 곳 밖의 다른 고장
대량 : 아주 많은 분량이나 수량

3. 다음 사실의 결과를 예견해 보자.

> 지구의 온실 효과가 날로 심해진다

① 빙하가 녹으면서 많은 곳이 물에 잠긴다

② 인류는 더 강한 냉각기*를 생산해 낸다

③ 각국 정부는 과학 기술 경쟁을 벌인다

④ 자동차가 더 많아진다

● ● ● **낱말 풀이**
냉각기 : 물체를 냉각하는 기기를 통틀어 이르는 말

4. 다음 사실의 결과를 예견해 보자.

> 인생의 목표를 정하지 않았다

낱말 풀이

이상 : 생각할 수 있는 범위 안에서 가장 완전하다고 여겨지는 상태

① 행복한 가정을 이룰 수 있다　　② 어떤 분야의 전문가가 된다

③ 영원히 자신의 이상*을 실현하지 못한다　④ 친구와의 우정이 깊어진다

5. 다음 사실의 결과를 예견해 보자.

> 에이즈를 치유*할 수 있는 새로운 약을 발명했다

낱말 풀이

치유 : 치료하여 병을 낫게 함

수명 : 생물의 생명 존속 기간

연장 : 어떠한 일을 하는 데에 사용하는 도구

① 에이즈 환자가 늘어난다

② 에이즈 환자가 새로운 생명을 얻는다

③ 새로운 바이러스가 끊임없이 나타난다

④ 인류의 수명*이 연장*된다

6. 다음 사실의 결과를 예견해 보자.

> 사람들이 지구의 모든 에너지를 소모*했다

낱말 풀이

소모 : 써서 없앰

자급자족 : 필요한 물자를 스스로 생산하여 충당함

① 사람들이 다른 천체로 이사를 간다

② 사람들의 가정이 화목해진다

③ 사람들은 더 많은 문화생활을 즐긴다

④ 사람들의 생활 환경은 자급자족*의 시대로 돌아간다

① 인류는 보통 곧 일어나게 될 사실에만 호기심을 갖는다.

② '결과 예견하기'는 미래의 이미지를 예견할 수 있도록 도와준다.

③ 단기 결과와 장기 결과는 바뀔 수도 있다.

④ 결과 예견하는 방법

　1. 모든 시기의 장점과 단점을 자세하게 관찰한다.

　2. 자신이 내린 결정이 자신과 다른 사람에게 주는 영향을 고려한다.

오늘의 날짜

___월 ___일

6. 목적과 목표 찾기

어디를 가야 하는지 모르는 사람과 가야 할 곳을 확실히 아는 사람 중 어떤 사람의 행동이 더 분명할까? 목적지를 모르는 사람은 길을 제대로 찾아갈 수 없어서 중간에 헤매기 쉽다. 하지만 목적지를 분명히 아는 사람은 걸음걸이도 힘차다. 따라서 우리는 시간을 낭비하지 않고, 올바른 결정을 내리기 위해서 목적과 목표를 분명히 알고 있어야 한다.

오늘의
배울거리

목적지 없는 여행

너무나도 오랫동안 여행을 하는 한 사람이 있었다. 엄청 오랜 시간을 걸었지만 정작 그는 자신이 어디로 가고 있는지 몰랐다. 믿고 따라갈 만한 지도를 갖고 있지 않아서 목적지를 정할 수 없었기 때문이다. 목적지를 못 정한 그는 결국 헛고생*만 하고 점점 지쳐 갔다.

이곳저곳을 헤매다 그는 어느 마을에 도착했다. 지칠 대로 지친 그는 마을 사람에게 자신이 어디로 가야 하는지 묻기로 했다.

"저는 어디로 가야 좋을까요?"

그러자 마을 사람은 황당하다는 듯 되물었다.

"당신의 목적지를 내가 어찌 알겠소. 여기 지도를 줄 테니 지도를 보고 원하는 목적지를 찾으시오!"

그러자 그는 체념*한 듯 말했다.

"이 지도가 나에게 유용*한 것입니까? 이것을 보고 찾을 시간이 없을 것 같군요. 이런 시간 낭비를 하느니 차라리 예전처럼 그냥 걸어야겠어요. 그 편이 더 빨리 도착할 것 같네요."

● ● ● **낱말 풀이**

헛고생 : 아무런 보람도 없이 고생함. 또는 그런 고생

체념 : 희망을 버리고 아주 단념함

유용 : 쓸모가 있음

그러고는 다시 정처* 없이 여행을 떠났다.

이야기 속 주인공은 목적지도 정하지 않은 채 여행을 하고 있다. 주인공처럼 목적지를 모르면 제대로 길을 찾아갈 수 없기 때문에 시간 낭비를 하기 쉽다. 따라서 우리가 원하는 곳에 정확히 도달하기 위해서는 목적지를 정확히 알아야 한다.

여행뿐 아니라 인생도 마찬가지다. '목적'이 있어야 헛고생 하지 않고, 보람차고 행복하게 살 수 있다.

하지만 우리는 이러한 목적의 중요성을 잊고 물 흘러가듯 살아가기 쉽다. 그래서 '내가 왜 이렇게 하고 있지?'를 생각하지 않고, 몸에 밴 습관대로 행동하거나 다른 사람의 생각을 그대로 따를 때가 많다. 이러한 잘못된 생각과 행동은 곧 우리의 인생을 잘못된 방향으로 이끈다. 그리고 결국 우리가 원하지 않는 곳으로 가게 만든다.

에디슨과 동업*을 하겠소!

옛날에 에드윈 번즈라는 사람이 살았다. 그는 변변한* 직업도 없는 떠돌이였지만 꼭 이루고 싶은 목표가 하나 있었다. 그것은 바로 발명왕 에디슨과 동업을 하는 것이었다. 그는 에디슨의 이름을 들을 때마다 그와 동업하고 있는 자신의 모습을 떠올렸다.

마침내 그는 에디슨을 만나러 가기로 결심했다. 그는 차비도 없고, 깨끗한 옷도 없었지만 에디슨을 만나겠다는 일념* 하나는 충만* 했다. 차비가 없는 그는 몰래 기차를 타고 갔는데, 그러다 걸리면 심한 욕설을 듣고 내려야 했다. 그러기를 여러 번, 그는 마침내 에디슨이 있는 뉴저지에 도착하여 에디슨을 찾아갔다.

"에디슨 선생님, 저는 선생님과 동업을 하고 싶습니다."

에디슨은 다짜고짜 찾아온 그의 용기가 맘에 들어서 연구소에서 가장 낮은 위치의 일자리를 주었다. 동업과는 거리가 먼 일이었지만 그는 항상 '에디슨의 동업자'라는 마음을 가지고 일을 해 나갔다.

그러던 어느 날, 에디슨이 축음기*를 발명했다. 판매 사원들은 축음기가 사람들에게 인기가 없을 것이라고 생각했고, 제품을 팔 노력을 전혀 하지 않았다. 하지만 그는 축음기가 대박을 터트릴 것이라고 확신했고, 에디슨에게 축음기 판매를 맡겨 달라고 했다. 처음에 에디슨은 '과연 팔 수 있을까?'라며 의아해했지만, 밑져야* 본전이란 생각에 그에게 판매를 전적*으로 맡겼다. 결국 그는 축음기로 엄청난 판매고*를 올리며 백만장자가 되었고, 머지않아 에디슨의 동업자로서 회사를 경영하게 되었다.

에드윈 번즈는 '에디슨과 동업을 하겠다.'는 확고한 목표가 있었다. 이처럼 목표가 있으면, 우리가 어떤 일을 하거나 어떤 결정을 내릴 때 '내가 왜 이런 일을 하는지' 알 수 있다. 사실 일의 목적을 찾는 것은 일을 하는 이유를 찾는 것과 같다. 이유가 충분할수록 도달하고 싶은 목적을 더 명확하게 알 수 있으며, 도달하려는 목적을 명확히 알면 '어떻게 할 것인지' 곰곰이 생각할 수 있다.

● ● ● 낱말 풀이

축음기 : 레코드에서 녹음한 음을 재생하는 장치

밑지다 : 들인 밑천이나 제 값어치보다 얻는 것이 적다. 또는 손해를 보다

전적 : 하나도 남김 없이 모두 다

판매고 : 판매액

기억하며 풀기

앞의 이야기를 통해 우리는 목적과 목표가 얼마나 중요한지 알았다. 목적과 목표는 우리가 가야 할 방향을 명확히 알려 주며, 우리가 어떻게 하면 좋을지 행동하게 도와준다. 그럼 다음 문제를 풀어 보자.

1. 일을 하는 목적을 모르면 어떤 결과가 생길까?

① 남이 가고 싶지 않은 곳에 도착한다

② 내가 가고 싶은 곳에 도착한다

③ 남이 가고 싶은 곳에 도착한다

④ 내가 가고 싶지 않은 곳에 도착한다

2. 목적과 목표는 우리에게 무엇을 알려 줄까?

① 일 또는 결정의 영향   ② 일 또는 결정의 이유

③ 일 또는 결정의 결과   ④ 일 또는 결정의 장점

3. 우리는 목표를 이루기 위해서 어떻게 해야 할까?

① 어떻게 목표에 도달*할 것인지 생각한다

② 어떻게 목표를 수정할 것인지 생각한다

③ 어떻게 목표를 삭제할 것인지 생각한다

④ 어떻게 목표를 분해*할 것인지 생각한다

4. 우주의 비밀을 알아내는 것이 목적인 사람이 있다면, 그의 목표는 무엇일까?

① 용감한 탐험가가 된다   ② 위대한 과학자가 된다

③ 뛰어난 목수*가 된다   ④ 성공한 경영자가 된다

5. 다음 중 서비스업에 종사*하는 직원이 가지는 주요 목표는 무엇일까?

① 부하들이 만족하는 것   ② 가족이 만족하는 것

③ 손님이 만족하는 것   ④ 동료가 만족하는 것

6. 서비스업에 종사하는 직원이 목표를 달성하기 위해서는 어떻게 해야 할까?

(모두 선택)

① 성실하고 예의 있게 손님을 대한다

② 법률의 허점*에 대해 공부한다

③ 가족의 의견을 반영한다

④ 손님의 요구를 잘 들어준다

⑤ 진심으로 손님을 위해 서비스한다

⑥ 판매하고 있는 상품에 대해 잘 이해한다

⑦ 부하의 심리를 잘 파악한다

윌리엄 윌버포스의 목표

18세기 영국의 정치가 윌리엄 윌버포스는 25세에 출세*의 길이 아닌, 인류를 위해 봉사하는 길을 걷기로 선택했다. 그는 '대영 제국의 노예 제도를 폐지*하자.'는 목표를 세우고 그 뜻을 이루기 위해 정치가의 길을 가기로 결심했다. 그리하여 30세에 영국 하원 의원에 당선되었고, 그 후로 오직 노예 제도 폐지 운동에만 전념했다. 그가 48세가 되던 해, 영국 의회는 노예 무역* 폐지를 결정했고, 62세가 되던 해에 노예 제도가 완전히 폐지되었다. 그가 노예 제도 폐지를 꿈꾼 지 35년 만의 일이었다. 그는 64세에 정계*에서 은퇴했고, 72세가 되던 해에 대영 제국 전역에서 노예 해방법이 통과되었다. 그리고 노예 해방법이 통과된 지 2개월 만에 세상을 떠났다.

윌리엄 윌버포스는 '대영 제국의 노예 제도를 폐지하자.'는 최종 목표에 다가가기 위해 '정치가', '영국 하원 의원', '노예 무역 폐지', '노예 제도 폐지', '노예 해방법 통과' 등의 단계를 차근차근 밟아 나갔다. 이처럼 우리가 최종 목표를 이루기 위해서는 서로 이어지는 수많은 작은 목표를 세워야 한다. 그리고 목표를 이루기 위해 에너지를 몰입해야 한다.

한편 사람들은 다양한 목표를 갖고 있다. 이러한 다양한 목표 중 어떤 것은 비교적 중요하고, 어떤 것은 비교적 중요하지 않을 수도 있다. 또한 같은 상황에서도 사람에 따라 서로 다른 목표를 꿈꿀 수도 있다.

● ● ● ● 낱말 풀이
출세 : 사회적으로 높은 지위에 오르거나 유명하게 됨
폐지 : 실시하여 오던 제도나 법규, 일 등을 그만두거나 없앰
노예 무역 : 노예를 상품처럼 사고 파는 무역
정계 : 정치에 관련된 일에 종사하는 조직체나 개인의 활동 분야

최종 목표를 세웠다면, 그 목표를 달성하기 위한 작은 목표를 세워야 한다. 다음 문제를 풀면서 목표의 중요성을 다시 한 번 생각해 보자.

1. 최종 목표를 이루기 위해서는 어떻게 해야 할까?

① 최종 목표를 해결할 수 있는 수많은 방법을 생각해 낸다

② 사람들을 동원*하여 큰 목표를 해결할 수 있는 방법을 생각하게 한다

③ 최종 목표의 장애물을 어떻게 제거*할 것인지 연구한다

④ 최종 목표와 서로 이어지는 작은 목표를 세운다

● ● ● 낱말 풀이
동원 : 어떤 목적을 달성하기 위하여 사람이나 물건을 집중함
제거 : 없애 버림

2. 1번 문제의 답처럼 해야 하는 이유는 무엇일까?

① 문제를 분담*하는 능력을 단련하기 위해

② 비교적 쉽게 작은 목표를 달성함으로써 자신감을 쌓기 위해

③ 작은 목표를 비교적 쉽게 관리하기 위해

④ 팀의 힘을 합하는 것이 성공의 길이므로

● ● ● 낱말 풀이

분담 : 나누어서 맡음

3. 같은 상황에 놓인 사람들은 어떤 목표를 갖고 있을까?

① 반드시 똑같은 목표를 갖는다　　② 반드시 반대되는 목표를 갖는다

③ 아무런 목표도 갖지 않는다　　④ 서로 다른 목표를 가질 수도 있다

4. 만약 범죄 사건을 줄이겠다는 목표가 있다면, 이 목표를 이루기 위한 방법으로 적합한 것은 무엇일까? (모두 선택)

① 범죄에 대한 형벌*을 높인다　　② 감옥을 더 많이 짓는다

③ 범죄자들이 회개*하도록 돕는다　　④ 우수한 교육을 시도한다

⑤ 경찰의 수를 늘인다

● ● ● 낱말 풀이

형벌 : 범죄에 대한 법률의 효과로서 국가 등이 범죄자에게 제재를 가함

회개 : 잘못을 뉘우치고 고침

목적과 목표 찾기

우리는 앞에서 목적과 목표의 중요성에 대해 배웠다. 그리고 목표를 이루기 위한 방법에 대해서도 알아보았다. 다음 문제를 풀면서 목적과 목표를 찾는 연습을 해 보자.

1. 다음 상황의 목적은 무엇일까?

　　학생들에게 시험을 보게 한다

① 성적이 열등*한 학생을 낙방*시키기 위해

② 그냥 심심해서

③ 부모에게 잘 보이기 위해

④ 지식 수준을 평가하기 위해

● ● ● 낱말 풀이

열등 : 보통의 수준이나 등급보다 낮음

낙방 : 시험, 모집, 선거 등에 응하였다가 떨어짐

2. 다음 상황에서 세울 수 있는 목표는 무엇일까?

> 다른 사람으로부터 모함*을 받았다

① 모함의 방법을 찾아낸다   ② 사실의 진상*을 찾아낸다

③ 보복*의 방법을 찾아낸다   ④ 모함자의 신분을 찾아낸다

3. 다음 상황에서 세울 수 있는 목표는 무엇일까?

> 손님이 교통사고로 부상을 입었다

① 구급차를 부른다   ② 사진을 찍는다

③ 친구에게 알린다   ④ 부상자를 구한다

4. 다음 인물의 목표는 무엇일까?

> 신문 기자

① 정부에게 잘 보인다   ② 생계*를 유지한다

③ 독자의 환심*을 산다   ④ 사실을 보도*한다

5. 다음 상황의 목적은 무엇일까?

> 초등학교를 설립*한다

① 초등학생을 가르치기 위해   ② 교사들에게 직장을 마련해 주기 위해

③ 아이들을 돌보기 위해   ④ 그냥 심심해서

6. 다음 상황의 목적은 무엇일까?

> 코미디 영화를 본다

① 돈을 벌기 위해   ② 오락을 위해

③ 학습을 위해   ④ 연구를 위해

7. 다음 상황의 목적을 찾아 적어 보자.

학문을 배운다

머릿속에 넣기

① 목표는 우리가 어떤 일을 하거나 어떤 결정을 내릴 때, '내가 왜 이런 일을 하는지' 알게 해 준다.

② 자신의 목표를 알고 나면 그것을 어떻게 이룰 것인지를 곰곰이 생각할 수 있다.

③ '목적과 목표' 찾기 원칙

  1. 큰 목표를 수많은 작은 목표로 나눈다.

  2. 에너지를 몰입하여 중요한 목표를 달성한다.

  3. 같은 상황이라도 사람마다 서로 다른 목표가 있을 수 있다.

7. 우선순위 생각하기

아침에 일어나면 어떤 일부터 할까? 일어나자마자 씻는 사람이 있는가 하면, 일어나자마자 먹는 사람도 있다. 이는 사람마다 우선순위로 생각하는 일이 제각기 다르기 때문이다. 그렇다면 우리는 어떤 일을 우선순위로 해야 할까? 여기에서는 어떤 일을 우선순위로 해야 일을 효율적으로 할 수 있는지 그 방법에 대해 알아보자.

오늘의 배울거리

항아리에 가장 먼저 넣어야 할 것은?

프랑스 국립 행정 학교의 노교수가 '시간을 의미 있게 쓰는 법'이라는 주제로 강연을 했다. 강의실을 가득 메운 학생들 앞에서 노교수는 물이 가득 담긴 항아리를 들어 보이며 물었다.

"여러분, 이 항아리는 가득 찼나요?"

학생들은 질문의 의도*를 잘 모르겠다는 듯 고개를 갸우뚱거리며 "그렇다."고 대답했다. 그러자 노교수는 물이 가득 찬 항아리에 모래를 쏟아 부었다. 당연히 항아리 속의 물은 넘쳐흘렀다.

"여러분, 이 항아리는 가득 찼나요?"

학생들은 황당한 표정을 지으며 "그렇다."고 대답했다. 대답을 들은 노교수는 항아리에 돌멩이를 쏟아 부었다. 항아리 속의 물은 아까보다 훨씬 더 넘쳐흘렀다.

"맞아요. 여러분의 말대로 이 항아리는 가득 찼습니다. 그렇다면 이 항아리는 어떤가요? 가득 찼나요?"

노교수는 돌멩이가 가득 찬 다른 항아리를 들어 보이며 물었다. 학생들은 여

● ● ● 낱말 풀이

의도 : 무엇을 하고자 하는 생각이나 계획. 또는 무엇을 하려고 꾀함

전히 고개를 갸우뚱거리며 "그런 것 같다."고 대답했다. 그러자 노교수는 돌멩이가 가득 찬 항아리 속에 모래를 쏟아부었다. 모래는 돌멩이 사이의 빈틈으로 들어가 항아리 속을 채웠다.

"여러분 이 항아리는 가득 찼나요?"

노교수의 질문에 학생들은 섣불리 대답하지 못했다.

노교수는 이번에는 항아리에 물을 쏟아부었다. 물도 마찬가지로 돌멩이와 모래 사의 빈틈으로 들어가 항아리 속을 채웠다. 항아리가 넘치는 일은 일어나지 않았다.

위의 이야기에서 물, 모래, 돌멩이 순서로 담은 항아리는 넘쳐흘렀지만 돌멩이, 모래, 물 순서로 담은 항아리는 넘치지 않았다. 이처럼 어떤 일을 먼저 하느냐에 따라 그 결과는 확연히 달라질 수 있다. 따라서 어떤 일을 하기 전에는 '어떤 일을 먼저 하는 것이 좋을까?' 생각해 봐야 한다.

여러 가지 일 중에서 어떤 일이 더 가치* 있고 더 중요한 일인지 따져 보면, 사소한 일에 휘말려 귀중한 에너지와 시간을 낭비하지 않게 된다.

● ● ● 낱말 풀이
가치 : 사물이 지니고 있는 쓸모

정확하게 읽기

휴지통을 먼저 비우면

한 형제인 정수와 정태는 부모님의 결혼기념일을 축하하는 선물의 의미로, 집 안을 말끔히 청소하기로 했다. 부모님의 귀가 시간인 저녁 8시 전에는 청소를 끝마쳐야 한다는 생각에 정수와 정태는 마음이 급했다. 둘은 거실과 방으로 나누어 청소를 담당하기로 했다.

거실을 맡은 정수는 일단 거실 창문을 활짝 열고, 바닥이나 탁자 등에 흐트러져 있는 책, 휴지, 장난감 등을 정리했다. 그런 다음 바닥을 쓸고 닦았다. 마지막으로 휴지통의 휴지를 비워 냈다.

청소를 마친 정수는 정태가 얼마나 청소를 했는지 보려고 방문을 열었다. 정수는 방 상태*를 보고 깜짝 놀라고 말았다. 방 안의 바닥, 책상, 침대 등에는 물건들이 너저분하게* 늘어져 있었고, 정리 정돈조차 제대로 되지 않은 상태에서 정태가 걸레로 바닥을 닦고 있었기 때문이었다. 그뿐만 아니라 창문도 열

● ● ● 낱말 풀이
상태 : 사물 · 현상이 놓여 있는 모양이나 형편
너저분하다 : 질서가 없이 마구 널려 있어 어지럽고 깨끗하지 않다. 말이 쓸데없이 복잡하고 길다

어 놓지 않은 상태라서 방 안 공기는 먼지로 가득했다.

"정태야, 방 안 꼴이 이게 뭐야! 정리를 먼저 하고 청소를 해야지!"

다그치는 정수에게 정태가 울상을 지으며 말했다.

"난 휴지통을 제일 먼저 비웠지…. 그런데 휴지는 청소하면서 계속해서 생기는 걸 어떡해!"

정수는 '청소'를 하기에 앞서 어떤 일을 가장 먼저 해야 하는지 제대로 생각하고 행동에 옮겼기 때문에 빠른 시간 안에 완벽하게 청소를 할 수 있었다. 하지만 정태는 어떤 일을 가장 먼저 해야 하는지 몰랐고, 결국 청소를 제대로 하지 못했다.

우리가 정수처럼 일을 효율적*으로 하기 위해서는 해야 할 일의 중요성과 시급성* 여부를 잘 따져 보고, '요점*'을 찾아 가장 중요한 일부터 해결해야 한다. 그뿐만 아니라 그 일의 가장 중요한 관점, 요소, 목표, 결과 등을 고려해야 한다. 그렇지 않으면 빙산의 일각*처럼 우리는 눈에 쉽게 띄는 부분만 신경 쓰느라 큰 영향을 줄 수 있는 세세한 부분은 놓칠 수도 있다.

● ● ● 낱말 풀이

효율적 : 들인 노력에 비하여 얻는 결과가 큰 것

시급성 : 시각을 다툴 만큼 절박하고 급한 상태의 성질

요점 : 가장 중요하고 중심이 되는 사실이나 관점

일각 : 한 귀퉁이

기억하며 풀기

● ● ● 낱말 풀이

분별 : 서로 다른 일이나 사물을 구별하여 가름. 세상 물정에 대한 바른 생각이나 판단

우리가 일을 효율적으로 하기 위해서는 어떤 일이 가장 중요하고, 어떤 일을 가장 먼저 해야 하는지 생각해 봐야 한다. 다음 문제를 풀면서 '우선순위 생각하기'의 목적에 대해 다시 한 번 생각해 보자.

1. '우선순위 생각하기'의 목적은 무엇일까?

　① 일을 뚜렷하게 분별*하기 위해　② 일의 순서를 찾아내기 위해

　③ 일의 배열 방법을 찾아내기 위해　④ 일의 목적을 찾아내기 위해

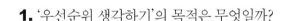

2. 우선순위를 생각하여 일을 하면 어떤 점이 좋을까?

　① 재미있는 일을 할 수 있다　　② 즐기면서 일을 할 수 있다

　③ 가장 쉬운 일을 할 수 있다　　④ 가장 중요한 일을 할 수 있다

정확하게
읽기

3. '가장 중요한 일'이란 무엇일까? (모두 선택)

① 영향력이 큰 일   ② 탄력[*] 있는 일   ③ 특색[*] 있는 일

④ 가치 있는 일   ⑤ 가장 어려운 일   ⑥ 아주 재미있는 일

아가씨와 결혼하겠소!

옛날 어느 마을에 아름다운 아가씨 한 명이 살고 있었다. 아가씨가 시집 갈 나이가 되자 세 명의 청년이 나타나 아가씨에게 청혼을 했다. 아가씨는 세 명의 청년 중에 자신을 가장 사랑하는 사람이 누구인지 판단하기 어려웠다. 며칠을 고민하던 아가씨는 세 명의 청년에게 말했다.

"달리기를 해서 나를 붙잡는 분과 결혼을 하겠어요."

아가씨는 주머니에 돈을 가득 넣고 달리기 시작했다. 청년들도 질세라 뛰기 시작했다. 얼마 지나지 않아 한 청년이 아가씨와의 거리를 좁혀 왔다. 그녀는 주머니 속에서 돈을 한 움큼[*] 쥐어 길에 떨어뜨렸다. 그러자 청년은 아가씨를 붙잡는 것은 잊어버리고, 돈을 줍기 시작했다. 그동안 아가씨는 멀리 도망가 버렸다.

한참 지나 두 번째 청년이 아가씨와 가까워졌다. 그녀는 주머니 속에 돈을 한 움큼 쥐어 길에 떨어뜨렸다. 이 청년도 돈을 줍느라 아가씨를 놓치고 말았다. 마지막 청년은 가쁜[*] 숨을 몰아쉬며 아가씨를 뒤쫓아 왔다. 아가씨는 주머니에 남아 있는 돈을 몽땅 길에 뿌렸다. 그러나 이 청년은 돈에는 눈길도 주지 않고 아가씨만 바라보며 달렸다. 결국 마지막 청년은 아가씨를 붙잡았고, 아가씨와 결혼하여 오랫동안 행복하게 살았다.

세 청년 모두 아가씨와 결혼하기를 희망한다는 점과 아가씨가 길에 돈을 흘렸다는 점에서 상황은 똑같았다. 하지만 똑같은 상황에서 두 청년은 돈을 선택했고 마지막 청년은 아가씨를 선택했다. 이처럼 아무리 똑같은 상황에 처해 있다 하더라도 사람에 따라 각자 우선순위로 생각하는 것이 다를 수 있다. 그뿐만 아니라 상황이 달라지면 우선순위도 달라진다.

앞에서 우리는 우선순위를 정하기 위해 가장 중요한 관점, 요소, 목표, 결과 등을 고려해야 한다고 했다. 만약 어떤 일이 가장 중요한지 모를 경우 가장 중요하지 않은 점부터 삭제하고 다음으로 요소, 목표, 결과 등을 고려하여 찾으면 된다.

기억하며 풀기

● ● ● 낱말 풀이
원칙 : 어떤 행동이나 이론 등에서 일관되게 지켜야 하는 기본적인 규칙이나 법칙

● ● ● 낱말 풀이
지점 : 땅 위의 일정한 점
연대 : 지나간 시간을 일정한 햇수로 나눈 것

● ● ● 낱말 풀이
연로 : 나이가 들어서 늙음

똑같은 상황에서도 사람에 따라 각자 우선순위로 생각하는 것이 다를 수 있다는 점을 알았다. 또한 상황이 달라지면 우선순위도 달라진다는 점도 배웠다. 그럼 다음 문제를 풀어 보자.

1. 다음 중 무엇이 달라지면 우선순위가 달라질까?

① 원칙*   ② 순서   ③ 인물   ④ 방법

2. 다음 중 우선순위에 영향을 미칠 수 있는 요소는 어떤 것일까? (모두 선택)

① 문화   ② 시간   ③ 지점*   ④ 연대*

⑤ 계절   ⑥ 날씨   ⑦ 대상

3. 환경 보호 단체가 가장 먼저 생각해야 할 일은 무엇일까?

① 이익   ② 오염   ③ 원가   ④ 공평

4. 어린 자녀들을 데리고 호텔에 머무를 때 우선순위로 생각해야 할 일은 무엇일까?

① 바닷가   ② 맛있는 음식   ③ 스포츠 시설   ④ 유아에 대한 서비스

5. 연로*한 부부가 호텔에서 휴가를 보낼 때 생각하지 않아도 될 일은 무엇일까?

① 호텔 숙박비   ② 서비스 수준   ③ 자극적인 활동   ④ 맛있는 음식

실천해 보기

우선순위 생각하기

앞에서 우선순위를 생각하는 것이 얼마나 중요한지, 우선순위를 어떻게 정해야 하는지 배웠다. 이제 실제로 우선순위를 찾는 연습을 해 보자.

1. 다음 상황에서 우선순위로 생각해야 할 요소는 어느 것일까?

> 항공 회사에서 손님들을 위해 운송* 서비스를 하려고 한다

① 신속함　　② 편안함　　③ 안전함　　④ 음식물

● ● ● **낱말 풀이**

운송 : 사람을 태워 보내거나 물건 등을 실어 보냄

2. 다음 상황에서 우선순위로 생각해야 할 요소는 어느 것일까?

> 법관이 분쟁*을 해결하고자 한다

① 시간과 순서　② 인권*과 법률　③ 순서와 시급성　④ 정의*와 공평

● ● ● **낱말 풀이**

분쟁 : 말썽을 일으켜 시끄럽고 복잡하게 다툼

인권 : 인간으로서 당연히 가지는 기본적 권리

정의 : 진리에 맞는 올바른 도리

3. 다음 상황에서 우선순위로 생각해야 할 요소는 어느 것일까?

> 과학자가 쓴 연구 보고서를 평가하고자 한다

① 오락　　② 감각*　　③ 내용　　④ 증거

● ● ● **낱말 풀이**

감각 : 눈, 코, 귀, 혀, 살갗을 통하여 바깥의 어떤 자극을 알아차림. 사물에서 받는 인상이나 느낌

4. 다음 상황에서 우선순위로 생각해야 할 요소는 어느 것일까?

> 컵을 깨뜨려 내 아이가 상처를 입었다

① 유리 조각 청소　　　②아이의 상처 치료

③ 컵 구매　　　　　　④ 사고의 책임

5. 다음 상황에서 우선순위로 생각해야 할 요소는 어느 것일까?

> 택시 운전사를 선택하려고 한다

① 성격　②가정 환경　③ 성별과 건강 상태　④ 자동차 운전 경험

6. 다음 상황에서 우선순위로 생각해야 할 일은 무엇인지 적어 보자.

• 야외로 여행을 갈 때

• 야외 활동을 선택할 때

머릿속에 넣기

① 어떤 일을 먼저 하느냐에 따라 그 결과는 확연히 달라질 수 있다.

② 일을 효율적으로 하기 위해서는 해야 할 일의 중요성과 시급성 여부를 잘 따져 보고, '요점'을 찾아 가장 중요한 일부터 해결해야 한다.

③ 우선순위 생각하기 원칙

1. 상황과 사람에 따라 우선순위도 달라진다는 점을 명심한다.

2. 가장 중요한 관점, 요소, 목적, 결과를 고려하여 우선순위를 정한다.

3. 우선순위를 정하지 못했다면 중요하지 않은 일부터 삭제한다.

8. 가능성 찾기

어떤 문제가 닥쳤을 때, 어떻게 하면 좋을지 전혀 감이 안 올 때가 있다. 이런 경우 대부분의 사람들은 문제 해결을 포기하고 만다. 하지만 성공하는 사람들은 남들이 포기할 때 끝까지 포기하지 않고 결국 해결 방법을 찾는다. 이처럼 우리도 문제가 닥쳤을 때, 포기하지 말고 여러 가지 다양한 해결 가능성을 찾아봐야 한다.

풀지 못한 문제

어느 대학에서 있었던 일이다. 수학 교수가 박사 과정에 있는 학생들을 모아 놓고 문제 하나를 칠판에 적었다.

"이 문제는 많은 수학자들이 도전했지만 풀지 못한 문제입니다. 혹시 여러분 중에 이 문제를 풀 수 있는 사람이 있나요? 한 시간 동안 한번 풀어 보세요."

학생들은 끙끙거리며 문제와 씨름하기 시작했고, 어느새 주어진 한 시간이 흘러갔다.

"자, 이 문제를 풀 수 있는 사람 나와서 풀어 보세요."

그러자 한 학생이 뚜벅뚜벅 걸어 나와 문제를 풀기 시작했고, 결국 문제를 풀었다.

사실 교수가 낸 문제는 박사 과정을 밟는 학생이라면 풀 수 있는 문제였다. 그리고 이 문제를 푼 학생은 이날 지각하여 강의실에 늦게 들어온 학생이었다. '수학자들이 풀지 못한 문제'라는 교수의 말을 듣지 못했기 때문에 부담 없이 문제를 풀 수 있었던 것이다.

박사 과정을 밟는 학생이라면 충분히 풀 수 있는 문제였는데도, 학생들은 '수학자들이 풀지 못한 문제'라는 사실에 얽매여* 풀지 못했다. 이처럼 우리는 잘못된 생각에 얽매여 더 좋은 방법을 찾아내려는 노력을 하지 않는다. 현재의 결정이 가장 적합하다고 생각하면서 다른 방법을 찾기 위해 고민하지 않는 것이다.

정확하게
읽기

구조만이 살 길?

옛날에 항해*를 하던 큰 배가 암초*에 걸려 뒤집어져서 열 명의 선원들만이 겨우 살아남았다. 선원들은 사방이 바다로 둘러싸인 무인도에서 표류*하게 되었는데, 그 섬에는 물과 식량으로 쓸 수 있는 열매가 하나도 없었다. 선원들은 아무것도 먹지 못하고 기적을 바라며 구조*를 기다릴 수밖에 없었다.

하지만 마실 물조차 없었기 때문에 시간이 흐를수록 사람들은 한계*에 부딪히고 말았다. 선원들은 한 명 한 명 괴롭게 죽어 갔고, 결국 마지막 한 명만이 살아남게 되었다. 마찬가지로 갈증에 허덕이던 그 선원은 '이대로 죽을 순 없어! 어딘가에 먹을 물이 있을 것 같은데…. 혹시 모르니 바닷물이라도 마셔 보자.'고 생각하며 해변으로 달려가 물을 벌컥벌컥 마셨다.

"어? 물이 전혀 짜지 않은데? 내 몸에 이상이 생겼나?"

바닷물이 짜지 않다는 걸 믿을 수 없었지만 선원은 그 물 덕분에 더 오랜 시간을 버틸 수가 있었고 마침내 구조되었다. 당국*이 무인도를 조사한 결과 해변에서 지하수가 나오고 있었다는 사실이 밝혀졌다.

선원들은 물과 식량이 없는 무인도에서 살아남을 수 있는 가능성은 '구조'밖에 없다고 생각했다. 때문에 어떠한 시도도 해 보지 않고, 마냥 구조만 기다리다 죽어 갔다. 하지만 마지막에 남은 선원은 어딘가에 먹을 물이 있을 거라고 생각했고, 결국 살아남을 수 있었다.

사실 불가능해 보이는 문제도 의식적으로 다른 가능성을 찾다 보면 뜻밖의 해결 방법을 발견할 수 있다. 하지만 이처럼 새로운 가능성을 창조하지 않는다면 보다 완벽한 결정을 내릴 수 없다.

● ● ● 낱말 풀이
항해 : 배를 타고 바다 위를 다님
암초 : 물속에 잠겨 보이지 않는 바위나 산호
표류 : 정처 없이 돌아다님
구조 : 재난을 당하여 어려운 처지에 빠진 사람을 구해 줌
한계 : 사물이나 능력, 책임 등이 실제 작용할 수 있는 범위. 또는 그런 범위를 나타내는 선
당국 : 일이 있는 바로 그 나라. 또는 이 나라

**기억하며
풀기**

'가능성'을 찾는 게 얼마나 중요한 일인지 우리는 앞에서 살펴보았다. 앞으로는 어떤 문제가 생기면 여러 가지 가능성을 찾는 연습을 해 보자. 그럼 다음 문제를 풀어 보자.

1. 현재의 결정이 가장 좋다고 생각하면 어떤 결과가 나타날까?

① 더 좋은 방법을 찾으려고 노력한다

② 더 좋은 방법을 찾을 수도 있다

③ 더 좋은 방법을 찾으려고 하지 않는다

④ 끊임없이 더 좋은 방법을 찾아낸다

2. 1번 답과 같은 결과가 나타나는 이유는 무엇일까?

① 자신의 잘못된 생각에 얽매여서

② 다른 사람의 낡은 생각에서 아이디어를 얻어서

③ 자신의 새로운 생각에 제한*을 받아서

④ 다른 사람의 생각에 영향 받아서

3. 만약 우리가 의식적으로 다른 가능성을 찾다 보면 어떤 결과가 있을까?

① 혼란*을 겪게 된다   ② 아무런 일도 생기지 않는다

③ 문제점을 발견한다   ④ 뜻밖의 해결 방법을 발견한다

4. '더 많은 가능성'은 어떤 결과를 가져다줄까?

① 새로운 결정   ② 신속한 결정   ③ 더 좋은 결정   ④ 더 쉬운 결정

5. 성적이 떨어지는 학생이 있다고 하자. 이 학생의 성적이 떨어지는 이유는 무엇일까? (모두 선택)

① 병에 걸려서   ② 게을러서

③ 게임에 빠져서   ④ 수업이 따분해서

⑤ 부모가 이혼을 해서   ⑥ 나쁜 친구의 영향을 받아서

⑦ 열등감* 때문에

● ● ● 낱말 풀이

제한 : 일정한 한도를 정하거나 그 한도를 넘지 못하게 막음. 또는 그렇게 정한 한계

● ● ● 낱말 풀이

혼란 : 뒤죽박죽이 되어 어지럽고 질서가 없음

● ● ● 낱말 풀이

열등감 : 자기를 남보다 못하거나 무가치한 인간으로 낮추어 평가하는 감정

어린이 발명왕이 되기 위하여

성수는 이번 여름 방학에 열릴 '어린이 발명왕' 대회에 참가할 계획이다. 그런데 어떤 발명을 하면 좋을지 좋은 아이디어가 떠오르지 않아 고민이다. 아무리 고민해도 답이 나오지 않자, 성수는 친구들에게 조언을 듣기로 했다.

"어린이 발명왕 대회에 나갈 건데, 어떤 발명을 하면 좋을지 아이디어가 안 떠올라!"

성수의 고민에 친구 지영이가 말했다.

"인터넷 과학 사이트에서 정보를 수집*해 보는 게 어때? 아무래도 정보 없이 고민하는 것보다는 나을 것 같아."

그러자 영식이도 거들었다.

"인터넷뿐 아니라 어린이 과학 신문이나 잡지를 참고해도 좋을 것 같은데?"

진혁이도 맞장구를 쳤다.

"일일이 구입하느라 힘들일 필요 없이 도서관에 가 보면 신문이나 잡지, 과학 관련 책을 한자리에서 손쉽게 살펴볼 수 있을 거야!"

성수는 친구들의 조언대로 인터넷과 도서관을 활용해 과학 정보를 수집하였고, 정보를 바탕으로 재미난 발명 아이디어를 낼 수 있었다.

여러 가지 다양한 가능성을 찾다 보면 선택할 수 있는 범위*도 넓어지고, 그만큼 올바른 결정을 내릴 확률이 높아진다.

우리는 모든 가능성을 찾기 전에는 현재의 선택이 좋다거나 나쁘다고 단정할 수 없다. 따라서 우리는 100퍼센트 만족스러운 선택을 하기 위해서 끊임없이 다른 가능성을 찾아야 한다.

만약 다른 가능성이 전혀 없어 보이는 상황이라고 하더라도 의식적으로 다른 가능성을 찾도록 노력하자. 혼자서 찾기 어렵다면 다른 사람의 도움을 받는 것도 좋은 방법이다. 위 이야기에서 성수는 발명 아이디어를 얻기 위해 친구들에게 조언을 얻었고, 그 조언을 바탕으로 아이디어를 낼 수 있는 여러 가지 가능성을 얻을 수 있었다.

● ● ● 낱말 풀이
수집 : 취미나 연구를 위하여 여러 가지 물건이나 재료를 찾아 모음. 또는 그 물건이나 재료
범위 : 테두리가 정해진 구역. 어떤 것이 미치는 한계

기억하며 풀기

● ● ● ● **낱말 풀이**

비상식적 : 사람들이 보통 알고 있
거나 알아야 하는 지식대로 생각하
거나 행동하지 않는 것

가능성을 많이 찾을수록 그만큼 올바른 결정을 내릴 확률이 높아진다. 만약 혼자서 가능성을 찾는 게 어렵다면, 다른 사람의 도움을 받는 것도 좋은 방법이다. 그럼 다음 문제를 풀어 보자.

1. 우리가 최대한 많은 가능성을 찾아야 하는 이유는 무엇일까?

① 완벽한 방법을 찾기 위해서 　　② 상세한 방법을 찾기 위해서

③ 도덕적인 방법을 찾기 위해서 　④ 비상식적*인 방법을 찾기 위해서

2. 올바른 결정을 내리기 위해서 우리는 어떤 행동을 해야 할까?

① 정말로 만족하는 결정을 내릴 수 있을 때까지 끊임없이 다른 가능성을 찾아야 한다.

② 조금이라도 만족하는 결정을 내릴 수 있을 때까지 끊임없이 다른 가능성을 찾아야 한다.

③ 정말로 만족하는 결정을 내릴 수 있을 때까지 끊임없이 비슷한 가능성을 찾아야 한다.

④ 조금이라도 만족하는 결정을 내릴 수 있을 때까지 끊임없이 비슷한 가능성을 찾아야 한다.

3. 얼핏 보기에 다른 가능성이 없어 보이는 상황이라면 어떻게 해야 할까?

① 의식적으로 기타 가능성을 삭제한다

② 의식적으로 기타 가능성에 의문을 갖는다

③ 의식적으로 기타 가능성을 해석한다

④ 의식적으로 기타 가능성을 찾아낸다

● ● ● ● **낱말 풀이**

기발하다 : 유달리 재치가 뛰어나
다

격려 : 용기나 의욕이 솟아나도록
북돋아 줌

4. 만약 스스로 만족할 만한 결정을 내리지 못했다면 어떻게 해야 할까?

① 인터넷을 이용한다 　　　　　② 기발한* 생각을 기다린다

③ 자기 자신을 격려*한다 　　　④ 다른 사람의 도움을 받는다

5. 우리가 올바른 결정을 할 수 있는 상황은 어느 것일까?

　① 현재의 선택에 조금 만족할 때　　② 현재의 선택에 만족하지 않을 때

　③ 현재의 선택에 비교적 만족할 때　④ 현재의 선택에 아주 만족할 때

6. 다음 중 성적을 올릴 수 있는 방법을 골라 보자. (모두 선택)

　① 시간을 잘 활용한다　　　　　② 학습 목표를 정한다

　③ 독서 방법을 배운다　　　　　④ 충분히 휴식*한다

　⑤ 선생님의 강의에 집중*한다　　⑥ 공부의 재미를 찾는다

　⑦ 친구들과 공부한 소감*을 나눈다　⑧ 텔레비전에 빠진다

● ● ● **낱말 풀이**

휴식 : 하던 일을 멈추고 잠깐 쉼
집중 : 한곳을 중심으로 하여 모임.
또는 그렇게 모음. 한 가지 일에 모
든 힘을 쏟아부음
소감 : 마음에 느낀 바

실천해
보기

● ● ● **낱말 풀이**

이론 : 사물의 이치나 지식 따위를
해명하기 위하여 논리적으로 정연
하게 일반화한 명제의 체계
통계 : 한데 몰아서 어림잡아 계산
함. 어떤 현상을 종합적으로 한눈
에 알아보기 쉽게 일정한 체계에
따라 숫자로 나타냄.
가설 : 어떤 사실을 설명하기 위하
여 설정한 가정
제기 : 의견이나 문제를 내놓음

가능성 찾기

앞에서 우리는 문제가 생겼을 때, 해결할 수 있는 가능성을 많이 찾으면 찾을수록 올바른 결
정을 내릴 수 있다고 배웠다. 그렇다면 다음 문제를 풀어 보면서, 가능성을 찾는 연습을 해 보
자. 이 연습은 훗날 여러분이 일상생활에서 문제를 해결할 때 도움을 줄 것이다.

1. 자신의 이론*을 증명하기 위하여 과학자들은 무엇을 해야 할까?

　① 수많은 통계*를 만든다　　② 수많은 가설*을 세운다

　③ 수많은 의문을 제기*한다　④ 수많은 예측을 한다

2. 교통사고의 원인을 찾아내기 위하여 경찰은 무엇을 해야 할까?

　① 여러 가지 가설을 세운다　　② 여러 가지 이해를 한다

　③ 여러 가지 예측을 한다　　　④ 여러 가지 해석을 한다

● ● ● **낱말 풀이**

실행 : 실제로 행함

3. 해양 생물의 성장 과정을 상세하게 알려면 생물학자들은 어떻게 해야 할까?

　① 여러 가지 방법으로 관찰한다　② 서로 다른 경로로 해결한다

　③ 여러 사람을 통해 조사한다　　④ 서로 다른 순서로 실행*한다

4. 손님의 요구를 만족시키기 위하여 디자이너는 어떻게 해야 할까?

① 여러 가지 생산 방식을 공급*한다 ② 여러 가지 광고 계획을 내놓는다

③ 여러 가지 배달 방식을 사용한다 ④ 여러 가지 디자인 방안*을 내놓는다

5. 미래 사회 환경의 변화를 이해하기 위하여 정부에서는 어떻게 해야 할까?

① 여러 가지 해석을 한다　　　　② 여러 가지 예측을 한다

③ 여러 가지 조사를 한다　　　　④ 여러 가지 가설을 세운다

6. 다음 상황일 때 어떻게 하면 좋을지 가능한 방법을 모두 적어 보자.

• 자선* 단체에 기부하기 위하여

① 현재의 결정이 가장 적합하다고 생각할 때, 사람들은 다른 방법을 찾기 위해 고민하지 않는다.

② 의식적으로 다른 가능성을 찾다 보면 뜻밖의 해결 방법을 발견할 수 있다.

③ 100퍼센트 만족스러운 선택을 하기 위해서 끊임없이 다른 가능성을 찾아야 한다.

④ '가능성 찾기' 원칙

　1. 정말로 만족하는 선택을 찾아내기 전까지 끊임없이 다른 가능성을 찾아야 한다.

　2. 얼핏 보기에 다른 가능성이 없는 상황이라도 의도적으로 다른 가능성을 찾기 위해 노력해야 한다.

　3. 가능성을 찾아내지 못했다면 다른 사람의 도움을 받을 수도 있다.

9. 다른 사람의 생각 이해하기

오늘의 날짜

_____월 _____일

키가 작은 사람은 높은 곳에 놓여 있는 물건을 꺼내야 할 때마다 불편을 겪는다. 반대로 키가 큰 사람은 낮은 천장 등에 머리를 부딪히곤 한다. 이처럼 '키'라고 하는 같은 기준에도 작은 사람과 큰 사람의 불편 사항은 다르다. 따라서 우리는 어떤 문제를 해결하거나 결정을 내릴 때, 다른 사람의 입장에서 생각해 봐야 한다.

오늘의
배울거리

대학을 설립하고 싶소!

평생에 걸쳐 돈을 모은 노부부가 전 재산을 사회에 헌납*할 생각으로 하버드 대학을 찾았다. 총장실 앞을 지키고 있던 수위는 이들 부부의 옷차림이 허름한 것을 보고는 불친절하게 대하며 용건*을 물었다.

"총장을 만나러 왔답니다."

노부부의 대답에 수위는 코웃음을 치며 말했다.

"총장님은 아무나 만날 만큼 한가한 사람이 아니에요. 돌아가세요!"

노부부는 기분이 상했지만 내색*하지 않고 물었다.

"이런 대학을 설립하려면 돈이 얼마나 드나요?"

그러나 수위는 역시나 코웃음을 치며 들은 척도 하지 않았다. 결국 총장을 만나지 못한 노부부는 기부할 생각을 버리고 대신 재단*을 설립해 대학을 하나 세웠다. 이 대학이 바로 미국 명문대 중 하나인 '스탠포드 대학'이다. 나중에 이 소식을 들은 하버드 대학에서는 매우 아쉬워했지만 이미 기회는 물 건너갔고, 그 후로 하버드 대학 정문에는 '사람을 외모로 판단하지 말라.'는 글귀*가 붙게 되었다.

● ● ● ● 낱말 풀이

헌납 : 돈이나 물건을 바침
용건 : 볼일
내색 : 마음속에 느낀 것을 얼굴에 드러냄. 또는 그 낯빛
글귀 : 글의 구나 절

만약 수위가 차림새만으로 사람을 평가하지 않고, 노부부의 말에 귀 기울여 줬다면 어땠을까? 우리는 하나의 공동체 속에서 살고 있고, 개인의 행동이나 결정은 많은 사람들에게 영향을 준다. 따라서 우리는 늘 다른 사람의 생각을 이해하고 고려해야 한다. 이는 우리가 성공을 하기 위해서 꼭 갖추어야 할 요소*다.

● ● ● 낱말 풀이
요소 : 사물의 성립이나 효력 발생 따위에 꼭 필요한 성분. 또는 근본 조건

정확하게
읽기

개구리 입장에서 나귀 바라보기

옛날 옛날에 나귀 한 마리가 등에 장작*을 한 짐 싣고 연못을 지나가고 있었다. 그런데 발을 헛딛는 바람에 나귀는 그만 물속에 빠지고 말았다. 수영을 할 줄 모르고 더욱이 무거운 장작 때문에 균형을 잡기 어려운 나귀는 물속에서 허우적거리며 외쳤다.

"살려주세요! 살려주세요!"

그때였다. 물속에서 자유로이 헤엄을 치고 있던 개구리들이 나귀를 보며 깔깔 웃었다.

"하하하! 물에 조금 빠졌다고 저렇게 소란*을 피우다니. 우리는 항상 물속에 있는데 말이야. 우습군 그래!"

개구리는 자신들이 매일 물속에 살기 때문에 나귀가 물에 빠져 허우적거리는 것을 이해하지 못했다. 만약 개구리에게 나귀가 진 장작을 들게 한다면 개구리는 어떤 반응을 보일까? 자기 몸집보다 수십 배나 크고 무거운 장작을 과연 개구리는 들 수 있을까?

우리는 살아가면서 자신의 생각과 입장에만 몰입한 나머지 다른 사람의 생각과 입장은 깊게 고려하지 않고 지나치기 쉽다. 하지만 앞으로는 행동하거나 결정하기에 앞서 충분히 다른 사람의 입장을 고려하고 이해하는 연습을 해 보자. 다른 사람의 생각이나 입장을 고려하는 습관을 들이면 문제를 해결하는 데 도움이 된다.

사실 사람마다 자란 환경, 처지*, 성격, 취미, 가치관 등은 모두 다르다. 따라서 우리는 어떤 행동이나 결정을 하기 전에 이 행동과 결정이 얼마나 많은 사람에게 영향을 줄 것인지 고려해야 한다. 이는 당사자의 입장에서 생각해 보면

● ● ● 낱말 풀이
장작 : 통나무를 길쭉하게 잘라서 쪼갠 땔나무
소란 : 시끄럽고 어수선함
처지 : 처하여 있는 사정이나 형편

낱말 풀이
불합리 : 이론이나 이치에 합당하
지 않음
반박 : 어떤 의견, 주장, 논설 등에
반대하여 말함

된다. 다른 사람의 생각을 이해하고, 그 입장에서 생각하는 것은 자신에게 불합리*한 말을 반박*하기 위해서가 아니다. 보다 객관적으로 세상을 바라보기 위한 것이다.

기억하며 풀기

어떤 행동이나 결정을 하기 전에 이 행동과 결정이 얼마나 많은 사람에게 영향을 줄 것인지 따져 봐야 한다. 다른 사람의 입장과 생각을 이해하는 기술을 제대로 익히면 앞으로 여러분 앞에 나타날 문제를 잘 해결할 수 있을 것이다. 그럼 다음 문제를 풀어 보자.

1. 다음 중 우리가 저지르기 쉬운 잘못된 태도는 무엇일까?

① 자신의 생각이 가장 틀렸다고 믿는다

② 자신의 생각이 바로 다른 사람의 생각이라고 믿는다

③ 다른 사람의 생각은 바로 공동체*의 생각이라고 믿는다

④ 모든 사람의 생각은 같다고 믿는다

낱말 풀이
공동체 : 생활이나 행동 또는 목적
등을 같이하는 집단

2. 어떠한 행동이나 결정을 하기 전에 다른 사람의 생각을 고려해야 하는 이유는 무엇일까?

① 다른 사람과 협력해야 하기 때문   ② 다른 사람은 찬성하지 않기 때문

③ 다른 사람이 이해하지 못하기 때문 ④ 다른 사람에게 영향을 주기 때문

3. 다음 중 사람들의 생각이 달라지는 데 영향을 미치는 요소는 무엇일까?

(모두 선택)

① 성장 배경   ② 교육 수준   ③ 인생 경험   ④ 성격

⑤ 종교   ⑥ 처지   ⑦ 취미   ⑧ 가치관*

낱말 풀이
가치관 : 사물이 지니고 있는 쓸모
에 대한 관점

4. 우리가 다른 사람의 생각을 이해하면 어떤 장점이 있을까? (모두 선택)

① 중립*을 지키는 제3자를 찾아 영향을 받는 사람들을 설득할 수 있다

② 영향을 받는 사람들의 생각이 어떠한지 알 수 있다

③ 영향을 받는 사람들이 나의 행동과 결정에 만족할 수 있다

④ 나의 행동이나 결정에 영향을 받을 사람이 누구인지 찾을 수 있다

⑤ 영향을 받을 사람들의 문화 수준을 알 수 있다

● ● ● **낱말 풀이**
중립 : 어느 편에도 치우치지 않고 공정하게 처신함

5. 우리는 어떻게 해야 다른 사람의 생각을 이해할 수 있을까?

① 다른 사람의 입장에서 사실을 주목*한다

② 다른 사람의 입장에서 사실을 기록한다

③ 다른 사람의 입장에서 사실을 관찰한다

④ 다른 사람의 입장에서 사실을 완성한다

● ● ● **낱말 풀이**
주목 : 관심을 가지고 주의 깊게 살핌. 또는 그 시선

6. 다른 사람의 생각을 이해하고 고려해야 하는 진정한 이유는 무엇일까?

① 주관적으로 세상을 이해하기 위하여

② 객관적으로 세상을 대하기 위하여

③ 객관적으로 자신을 대하기 위하여

④ 주관적으로 다른 사람을 이해하기 위하여

7. 고등학교에 대한 정부의 새로운 교육 정책은 누구 또는 어디에 영향을 줄까?
(모두 선택)

① 학부모　　　　② 과외 선생님　　　③ 중학생

④ 중학교 선생님　⑤ 중학교　　　　　⑥ 교재 출판사

⑦ 학원　　　　　⑧ 고용주*　　　　　⑨ 교복 가게

● ● ● **낱말 풀이**
고용주 : 품삯을 주고 사람을 부리는 사람

황새와 여우의 식사 대접

옛날 숲속에 황새와 여우가 살고 있었다. 둘은 생김새는 달랐지만 숲속에서 산다는 이유만으로 쉽게 친해질 수 있었다. 어느 날 황새가 여우에게 말했다.

"내 친구 여우야, 이번 주 일요일에 우리 집에 놀러 오지 않을래? 널 위해 맛있는 음식을 준비해 둘게!"

그러자 여우는 기쁜 마음으로 대답했다.

"응! 고마워. 내 친구 황새야!"

어느덧 일요일이 되었고, 여우는 황새네 집에 방문했다.

"내 친구 여우야, 차린 건 별로 없지만 맛있게 먹어!"

황새는 식탁에 음식을 차리며 말했다. 하지만 음식을 본 여우는 기분이 상했다. 음식이 전부 호리병* 속에 담겨 있었기 때문이다. 황새의 뾰족한 입은 호리병 속의 음식을 먹기에 적합했지만, 여우의 뭉툭한* 입은 호리병 속에 들어가지 않았다. 결국 여우는 음식에 입도 못 대고 돌아와야 했다. 그로부터 며칠이 지난 후, 여우가 황새에게 말했다.

"내 친구 황새야, 이번 주 일요일에 우리 집에 놀러 오지 않을래? 나도 답례*를 해야지!"

그러자 황새는 기쁜 마음으로 대답했다.

"응! 고마워. 내 친구 여우야!"

일요일이 되어 황새는 여우네 집에 방문했다.

"내 친구 황새야, 차린 건 별로 없지만 맛있게 먹어!"

여우는 식탁에 음식을 차리며 말했다. 하지만 음식을 본 황새는 기분이 상했다. 음식이 전부 접시에 담겨 있었기 때문이다. 여우는 입이 뭉툭해서 접시에 담긴 음식을 손쉽게 먹을 수 있었지만, 황새는 입이 뾰족해서 접시에 담긴 음식을 집기 힘들었다. 결국 황새는 음식에 입도 못 대고 돌아와야 했다.

같은 사실이라고 해도 그 사실에 따른 이해*관계는 사람마다 다르다. 어떤 사람에게는 좋은 일이 될 수 있고 어떤 사람에게는 나쁜 일이 될 수 있다. 위 이야기에서 호리병 속 음식은 황새에게는 맛있는 음식이지만, 여우에게는

● ● ● **낱말 풀이**

호리병 : 호리병박 모양으로 생긴 병. 술이나 약 등을 담아 가지고 다니는 데 쓴다

뭉툭하다 : 굵은 사물의 끝이 아주 짧고 무디다

답례 : 말, 동작, 물건 등으로 남에게서 받은 예(禮)를 도로 갚음. 또는 그 예

이해 : 이익과 손해

'그림의 떡'에 불과했다. 반대로 접시 위에 놓인 음식은 여우에게는 맛있는 음식이지만, 황새에게는 '그림의 떡'에 불과했다. 이처럼 '다른 사람의 생각'과 이해관계는 매우 밀접한 관계가 있다. 영향을 받는 사람들의 생각이나 관점이 보통 이해관계에 따라 결정되기 때문이다. 따라서 다른 사람의 생각을 고려할 때는 이해관계를 꼼꼼히 따져 보고, 영향을 받는 사람들이 누릴 이익을 헤아려야 한다.

기억하며 풀기

● ● ● 낱말 풀이
편성 : 한쪽으로 치우친 성질
모순 : 어떤 사실의 앞뒤, 또는 두 사실이 이치상 어긋나서 서로 맞지 않음

● ● ● 낱말 풀이
복합 : 두 가지 이상을 하나로 합침
아첨 : 남의 환심을 사거나 잘 보이려고 알랑거림. 또는 그런 말이나 짓

앞의 이야기를 통해 나한테 좋은 일이 남한테 안 좋은 일이 될 수 있고, 나한테 안 좋은 일이 남한테 좋은 일이 될 수 있다는 사실을 알았다. 이처럼 이해관계는 사람마다 다르므로 영향을 받는 사람들의 생각이나 관점을 잘 따져 봐야 한다. 그럼 다음 문제를 풀어 보자.

1. 이해관계란 무엇일까?

① 사실이 미치는 계획과 부서　　② 사실이 미치는 편성*과 영향

③ 사실이 미치는 이익과 손해　　④ 사실이 미치는 모순*과 차이

2. 이해관계 때문에 생길 수 있는 상황은?

① 분쟁　　　　② 협력　　　　③ 복합*　　　　④ 아첨*

3. 고속도로를 개설하는 데 누구 또는 어디에 직접적인 이익이 생길까? (모두 선택)

① 운전기사　　② 운송 회사　　③ 자동차 회사

④ 자동차 매장　　⑤ 가정주부　　⑥ 주유소

4. 흡연 금지는 다음 중 어떤 사람에게 손해를 줄까? (모두 선택)

① 흡연자　　　② 담배 가게　　③ 담배 공장

④ 컴퓨터 매장　　⑤ 소아과 의사　　⑥ 초등학생

쓰레기 매립장*, 우리 마을은 절대 안돼!

A마을은 요즘 '쓰레기 매립장 설립'을 반대하는 시위*로 떠들썩하다. 쓰레기 매립장이 설립되면 냄새 때문에 고통을 받을 뿐 아니라 땅값도 떨어져 경제적으로 손실*이 크기 때문이다.

하지만 A마을 사람들이 반대하느데도 정부는 사람이 많이 살지 않고, 쓰레기를 매립할 수 있는 공간이 충분한 A마을에 쓰레기 매립장을 설립하는 게 적합*하다고 주장하고 있다.

이러한 정부의 주장에 A마을 사람들은 '만약 입장을 바꿔서 당신 집 옆에 쓰레기 더미가 쌓인다면 어떨 것 같으냐!'며 정부의 주장을 반박하고 있다.

'쓰레기 매립장 설립'에 대해 A마을과 정부의 입장이 확연히 다르다는 것을 알 수 있다. 쓰레기 매립장은 나라 차원*에서 꼭 필요하다. 하지만 실제 매립장 옆에서 살아야 하는 사람들에게는 고통스러운 일이다.

만약 정부가 국익을 위해 A마을에 쓰레기 매립장을 꼭 설치해야 한다면, 무작정 설립을 추진할 게 아니라 A마을에 쓰레기 매립장 설립으로 인한 손해를 메울 만큼의 보상*을 해 줘야 할 것이다. 이러한 보상은 A마을 사람들의 생각과 관점을 잘 이해하고 고려하여 결정되어야 한다.

우리는 항상 다른 사람의 관점을 고려하고 생각의 차이를 분명히 이해해야 한다. 또한 자신의 생각이 자신에게는 정확하더라도 다른 사람에게는 정확하지 않을 수도 있다는 사실을 명심*해야 한다.

무엇보다도 다른 사람의 생각을 알아낼 때는 '지금 어떤 생각을 하고 있는가.'를 알아내야 한다. 그렇게 해야 그 사람이 앞으로 어떤 행동을 할지 예측할 수 있으며, 내가 어떤 행동을 해야 할지 판단할 수 있다.

● ● ● **낱말 풀이**
매립장 : 돌이나 흙, 쓰레기 등으로 메워 올리는 우묵한 땅
시위 : 위력이나 기세를 떨쳐 보임. 시위운동
손실 : 잃어버리거나 축나서 손해를 봄. 또는 그 손해
적합 : 일이나 조건 등에 꼭 알맞음
차원 : 사물을 보거나 생각하는 처지. 또는 어떤 생각이나 의견 등을 이루는 사상이나 학식의 수준
보상 : 남에게 진 빚 또는 받은 물건을 갚음. 어떤 것에 대한 대가로 갚음
명심 : 잊지 않도록 마음에 깊이 새겨 둠

문제를 해결하기 위해서 우리는 다른 사람의 관점을 고려하고 생각의 차이를 분명히 이해해야 한다. 그럼 다음 문제를 풀어 보자.

1. 우리가 문제를 해결하기 위해서는 다른 사람의 어떤 생각을 알아야 할까?

① 과거에 했던 생각   ② 앞으로 해야 할 생각

③ 과거의 생생했던 기억   ④ 현재의 생각

2. 우리는 언제 다른 사람의 관점을 생각해야 할까?

① 의견이 다를 때   ② 언제나

③ 의견이 반대될 때   ④ 의견이 같을 때

3. 공항 설립은 승객들에게 좋은 영향을 준다. 그렇다면 새 공항 설립으로 손해를 보는 사람은 누구일까?

① 공항 부근의 주민들   ② 공항 내 매점들

③ 여행사   ④ 항공 회사

당사자의 생각 찾기

우리는 항상 다른 사람의 관점이나 생각을 고려해야 한다. 사람마다 가치관, 생활 환경, 능력 등이 모두 달라서 똑같은 행동이 어떤 사람에게는 좋은 일이, 어떤 사람에게는 나쁜 일이 될 수 있기 때문이다. 그럼 다음 상황에서 당사자*는 어떤 생각을 할지 찾아보자.

1. 다음 상황에서 부모는 어떤 생각을 할까?

> **자식에게 금연을 선포*했다**
>
> ① 돈을 낭비*하게 될 거야   ② 자녀의 학습에 영향을 줄 거야
>
> ③ 자녀의 건강에 해로울 거야   ④ 자녀의 옷을 더럽힐 거야

● ● ● **낱말 풀이**

당사자 : 어떤 일이나 사건에 직접 관계한 사람

선포 : 세상에 널리 알림

낭비 : 시간이나 재물 따위를 헛되이 헤프게 씀

2. 다음 상황에서 당사자는 어떤 생각을 할까?

> 도박[*]에 빠졌다

① 시간 낭비, 돈 낭비 하겠군   ② 가족의 인정을 받을 거야

③ 큰돈[*]을 벌기 위한 거야   ④ 돈을 쓰지 않기 위해서야

3. 다음 상황을 보고 부모는 어떤 생각을 할까?

> 아이가 공부하면서 텔레비전을 보기 좋아한다

① 나한테 잘 보이고 싶어 하는군

② 두 가지 일을 한꺼번에 하는 연습을 하는군

③ 공부를 하면서도 노는 것에 집착하는군

④ 좋은 본보기가 되겠군

4. 다음 상황에서 아버지는 어떤 생각을 할까?

> 아버지가 일 때문에 매일 밤늦게 귀가한다

① 시간 낭비만 하고 있군   ② 돈을 낭비하지 않기 위해서야

③ 돈을 더 벌기 위해서야   ④ 친구가 귀찮게 하는 것을 피하기 위해서야

머릿속에 넣기

① 개인적인 행동이나 결정은 많은 사람들에게 영향을 준다.

② 같은 사실이라고 해도 그 사실에 따른 이해관계는 사람마다 다르다.

③ 우리는 항상 다른 사람의 관점을 고려하고 생각의 차이를 분명히 이해
해야 한다.

④ 다른 사람의 생각을 알아낼 때는 '지금 어떤 생각을 하고 있는가.'를 알
아내야 한다.

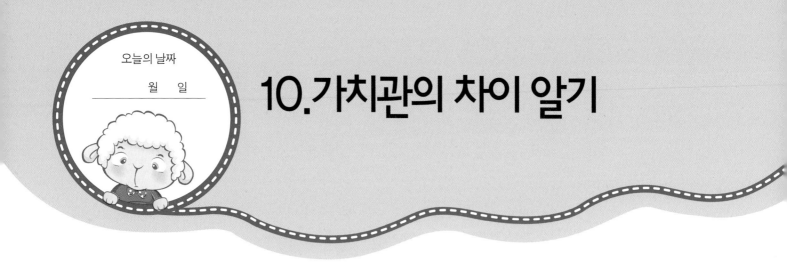

10.가치관의 차이 알기

'돈'이 가장 중요하다고 생각하는 사람과 '사랑'이 가장 중요하다고 생각하는 사람의 인생은 어떻게 다를까? 돈을 최고로 생각하는 사람은 돈을 많이 벌기 위해 노력할 것이고, 사랑을 최고로 생각하는 사람은 사랑을 얻거나 주기 위해 노력할 것이다. 이처럼 사람마다 가치관이 다르기 때문에 우리는 가치관의 차이를 이해해야 한다.

오늘의 배울거리

조각*을 하는 정원사

가난한 청년 정원사가 있었다. 그는 틈만 나면 나무가 심어져 있는 화분에 열심히 조각을 했다. 그의 손길이 스쳐 간 화분들은 멋진 조각품으로 다시 태어났다. 어느 날 주인이 청년에게 물었다.

"너는 정원만 가꾸면 되는데 왜 힘들이면서까지 화분에 조각을 하니? 조각을 한다고 돈을 더 주는 것도 아닌데…."

청년은 웃으며 말했다.

"저에게는 이 정원을 아름답게 꾸밀 의무가 있습니다. 화분에 조각을 하는 것도 저의 업무 중 하나라고 생각합니다."

청년의 투철*한 책임감에 감격한 주인은 청년이 미술 학교에 입학할 수 있도록 장학금을 지원해 주었고 결국 청년은 세계적인 화가로 성장하여 이름을 널리 알렸다. 이 청년은 바로 미켈란젤로다.

같은 정원사라도 '정원만 가꾸면 된다.'고 생각하는 사람이 있을 수 있고, 미켈란젤로처럼 '화분에 조각을 해서라도 정원을 아름답게 꾸밀 의무가 있다.'고

● ● ● ● 낱말 풀이

조각 : 재료를 새기거나 깎아서 입체 형상을 만듦. 또는 그런 미술 분야. 주로 나무, 돌, 금속 등으로 만든다

투철 : 사리에 밝고 정확하다. 속속들이 뚜렷하고 철저하다

생각하는 사람도 있다. 이러한 생각의 차이는 가치관의 차이에서 생긴다.

우리가 살아가는 방향은 자기 내면의 가치관에 따라 결정된다. 가치관은 보이지 않는 힘으로서 시시각각 우리가 결정을 내릴 수 있도록 도우며, 궁극적으로는 우리의 인생을 결정한다.

정확하게 읽기

불을 갖고 나오겠소!

프랑스의 지성* 장 콕토*가 세상을 향해 질문을 던졌다.

"만약 당신의 집에 불이 났다면 당신은 무엇을 갖고 나오겠습니까?"

사람들의 대답은 제각기 달랐다. 어떤 사람은 현금, 어떤 사람은 주식, 어떤 사람은 땅문서, 어떤 사람은 보석이라고 말했다.

"그렇다면 당신은 무엇을 갖고 나오겠습니까?"

한 사람이 장 콕토에게 되물었다. 그러자 장 콕토가 대답했다.

"나는 불을 갖고 나오겠소."

모든 것을 불속에서 잃더라도 그 속에서 불의 열정을 가지고 나올 수 있다는 게 장 콕토의 생각이었다.

'불이 나면 무엇을 갖고 나오겠냐.'는 질문에 현금, 주식, 땅문서, 보석, 불의 열정 등 사람들의 대답은 전부 달랐다. 이처럼 같은 질문에도 대답이 제각기 다르다. 사람마다 가치관이 다르기 때문이다.

인생에서 가장 중요한 것은 '돈'이라고 생각하여, 돈을 벌기 위해 365일 쉬지 않고 일하는 사람이 있는가 하면, 가장 중요한 것은 '지식'이라고 생각하여, 365일 공부만 하는 사람도 있다. '쾌락*'이 가장 중요하다고 생각하는 사람은 365일 노는 데 시간을 보내기도 한다.

가치관이 다르면 생활 방식, 인생 목표, 직장 등도 다를 수밖에 없다. 심지어 같은 일을 하는 사람들도 사람마다 가치관이 다르다. 예를 들어 명예*와 성공을 목적으로 공부하는 사람도 있고, 공부가 즐거워서 하는 사람도 있다. 이처럼 가치관은 보이지 않는 손처럼 우리의 운명을 쥐고 있다.

어떤 문제가 발생했을 때 행동하거나 결정하기에 앞서, 자신의 가치관이나 다

● ● ● **낱말 풀이**

지성 : 슬기와 덕행이 뛰어난 성인

장 콕토 : 프랑스의 시인 · 소설가 · 극작가 · 영화감독

쾌락 : 유쾌하고 즐거움. 또는 그런 느낌

명예 : 세상에서 훌륭하다고 인정되는 이름이나 자랑. 또는 그런 존엄이나 품위

른 사람의 가치관을 비교해 보고, 다른 사람의 가치관을 존중하는 연습을 하자. 문제 해결에 도움이 될 것이다.

기억하며 풀기

사람마다 가치관이 다르며, 가치관에 따라 우리의 운명은 달라진다. 앞으로는 문제가 발생했을 때 다른 사람의 가치관을 이해해 보도록 하자. 그럼 다음 문제를 풀어 보자.

1. 가치관은 어떤 특징이 있을까? (모두 선택)

① 냄새를 맡을 수 없다 ② 들을 수 없다   ③ 보이지 않는다

④ 만질 수 없다   ⑤ 알 수 없다   ⑥ 찾을 수 없다

2. 다음 중 가치관의 영향을 받는 사항은 어느 것일까? (모두 선택)

① 자동차 선택   ② 지금 하고 있는 일   ③ 친구 선택

④ 오락 선택   ⑤ 살고 있는 집   ⑥ 배우자의 선택

⑦ 입고 있는 옷

3. 가족애*를 중요시하는 아버지는 어떤 행동을 할까?

① 늘 혼자 책을 본다   ② 늘 가족들과 함께한다

③ 늘 친구들과 함께한다   ④ 늘 혼자 즐긴다

●●● **낱말 풀이**

가족애 : 가족에 대한 사랑

4. 다른 사람을 위해 자신의 시간과 돈을 아끼지 않는 사람은 어떤 가치관이 있을까?

① 아름다움을 추구한다   ② 문제에 대한 도전 정신을 높이 산다

③ 다른 사람의 일에는 관심이 없다 ④ 다른 사람을 위해 봉사한다

정확하게 읽기

중국 사람들과 미국 사람들의 차이

1976년, 중국 사람들은 먹을 것이 없어서 극심한 굶주림에 시달리고 있었다. 더욱이 중국 당산시에는 70만 명의 사람이 살고 있었는데, 대지진이 일어나서

24만 2천 명이 죽는 대참사*가 일어나고 말았다. 놀라운 것은 그 참사 속에서도 남의 물건을 훔치는 사람도, 남을 해치는 사람도 없었다는 것이다. 오히려 위험을 무릅쓰고 위기에 처한 남의 생명과 재물*을 구하러 서로 불속에 뛰어들었으며 자신이 먹기에도 부족한 음식을 서로 나누어 먹었다.

같은 해 세계 최고의 부를 자랑하는 미국 뉴욕시에서 열 두시간 동안 정전*이 되는 사고가 있었다. 정전으로 인해 자신의 얼굴이 보이지 않는다는 이유만으로 그들은 남의 재산을 약탈*했으며 사람을 죽이기까지 했다.

중국 사람들과 미국 사람들의 행동에 차이가 생긴 것은 무엇 때문일까? 바로 '가치관'이다. 가치관의 차이로 인해 굶주림에 시달리면서도 남을 위해 희생*하는 사람들이 있는가 하면 세계 최고의 부를 자랑하면서도 남을 해치는 사람들도 있다.

이처럼 사람마다 가치관이 다르기 때문에 우리는 가치관의 차이를 인정해야 한다. 이는 가치관의 좋고 나쁨을 판단하거나 가치관을 변화시키기 위한 것이 아니라, 자신이나 다른 사람의 생각과 행동 등을 객관적으로 이해하기 위해서다. 자신이나 다른 사람의 생각과 행동 등을 객관적으로 이해하면 생각과 행동 등에 깔려 있는 원인을 찾아내는 데 도움이 된다.

가치관에는 서로 다른 특색*이 있다. 뚜렷한 가치관이 있는가 하면 희미한 가치관이 있고, 중요도가 높은 가치관이 있는가 하면 낮은 가치관도 있다. 그뿐만 아니라 시대의 변화에 따라 새로운 가치관이 나타나기도 한다.

한편 우리는 가치 충돌* 현상에 주의해야 한다. 같은 사실을 두고 사람마다 서로 다른 가치관을 갖고, 서로 다른 생각을 하기 때문에 충돌이 일어날 수 있다.

● ● ● 낱말 풀이
참사 : 비참하고 끔찍한 일
재물 : 돈이나 그 밖의 값나가는 모든 물건
정전 : 전기가 끊어짐
약탈 : 폭력을 써서 남의 것을 억지로 빼앗음
희생 : 다른 사람이나 어떤 목적을 위하여 자신의 목숨, 재산, 명예, 이익 등을 바치거나 버림. 또는 그것을 빼앗김
특색 : 보통의 것과 다른 점
충돌 : 서로 맞부딪치거나 맞섬

기억하며
풀기

사람마다 가치관이 다르기 때문에 우리는 가치관의 차이를 인정해야 한다. 이는 가치관의 좋고 나쁨을 판단하거나 가치관을 변화시키려는 게 아니라 자신이나 다른 사람의 생각이나 행동 등을 객관적으로 이해하기 위해서다. 그럼 다음 문제를 풀어 보자.

1. '가치관의 차이'를 인정해야 하는 이유는 무엇일까?

    ① 가치관의 좋고 나쁨을 판단하기 위해서

    ② 자신이나 다른 사람의 생각이나 행동을 이해하기 위해서

    ③ 서로 다른 가치관을 분석하기 위해서

    ④ 다른 사람의 가치관을 변화시키기 위해서

2. 지구 생태계의 평형이 무너지면 다음 중 어떤 가치관이 점차 주목*받을까?

    ① 지구에 대해 신경을 쓰지 않을 것이다   ② 지구를 연구할 것이다

    ③ 지구가 오염되게 할 것이다   ④ 지구를 보호할 것이다

● ● ● **낱말 풀이**
주목 : 관심을 가지고 주의 깊게 살핌. 또는 그 시선

실천해 보기

가치관 찾기
자신의 가치관이나 다른 사람의 가치관을 이해하는 일은 참으로 중요하다. 다음 문제를 풀어 보자. 가치관에 따라 사람들이 어떤 행동을 하는지 알 수 있다.

1. 사업에 성공한 사람은 보통 어떤 가치관을 갖고 있을까?

    ① 가족을 중요시하고 가족과 함께 한다

    ② 성과를 중요시하고 열심히 일한다

    ③ 휴식을 중요시하고 즐긴다

    ④ 생명을 중요시하고 운동을 한다

2. 신앙을 중요하게 생각하는 사람의 행동은 어떻게 나타날까?

    ① 학교를 위해 일하고 학생들을 만난다

    ② 회사를 위해 일하고 부하들을 만난다

    ③ 공동체를 위해 일하고 친구들을 만난다

    ④ 종교를 위해 일하고 신도*들을 만난다

● ● ● **낱말 풀이**
신도 : 어떤 일정한 종교를 믿는 사람

3. 자기중심적인 사람의 행동은 어떠할까?

　① 동료가 원하는 일을 하고자 한다　② 친구가 원하는 일을 하고자 한다

　③ 자신이 원하는 일을 하고자 한다　④ 가족이 원하는 일을 하고자 한다

4. 아름다운 외모를 중요시하는 여자의 행동은 어떠할까?

　① 많은 돈을 투자하여 건강 진단을 받는다

　② 많은 돈을 투자하여 심리 치료를 받는다

　③ 많은 돈을 투자하여 요리 수업을 받는다

　④ 많은 돈을 투자하여 성형 수술을 받는다

5. 잘못을 절대 하지 않으려는 사람의 행동은 어떠할까?

　① 위축*되어 있다　　　　　② 신중하다

　③ 느리다　　　　　　　　　④ 용감하고 자신감이 넘친다

● ● ∘ ∘ **낱말 풀이**

위축 : 어떤 힘에 눌려 졸아들고 기를 펴지 못함

6. 다음 상황에서 중요하게 생각해야 할 가치관을 적어 보자.

• 친구를 선택할 때

머릿속에
넣기

① 우리가 살아가는 방향은 자기 내면의 가치관에 따라 결정된다.

② 같은 일을 하는 사람들도 저마다 가치관이 다르다.

③ 자신이나 다른 사람의 생각과 행동 등을 객관적으로 이해하기 위해서는 가치관의 차이를 인정해야 한다.

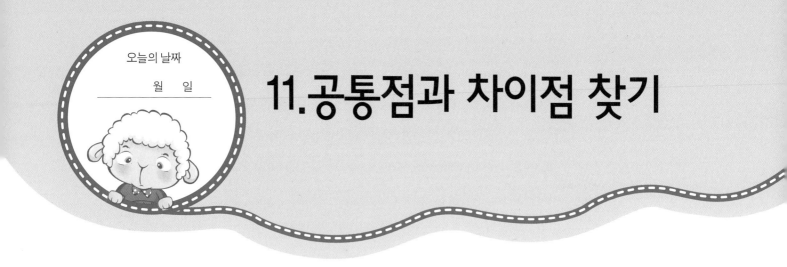

11.공통점과 차이점 찾기

사고력을 키우기 위해서는 '관찰'하는 습관을 들여야 한다. 이러한 습관을 들이기 위해서는 평소에 두 개의 물건을 두고 비교하는 연습을 하자. 두 개의 물건을 꼼꼼히 관찰하여 공통점과 차이점을 찾아내 보자. 이러한 연습을 꾸준히 하면 문제 해결을 위한 아이디어 등을 얻을 수 있다.

오늘의
배울거리

로버트 1세의 승리

스코틀랜드는 잉글랜드와 많은 전쟁을 치른 나라이다. 로버트 1세 때, 스코틀랜드는 잉글랜드로부터 끊임없이 침입을 받았는데, 격렬한 항쟁*에도 불구하고 무려 여섯 번이나 패전*하고 말았다. 그 결과 군사들마저 뿔뿔이 달아나고 나중엔 로버트 1세 한 사람만 남아 자신의 목숨을 걱정할 지경*에 이르렀다.

심신*이 모두 지친 로버트 1세는 산속을 헤매다가 다 쓰러져 가는 움막*을 하나 발견하고, 그곳에 들어가 지친 심신을 달래고 있었다. 천장을 보니 거미 한 마리가 부지런히 거미줄을 만들고 있었다.

거미는 지붕 밑 서까래*에 거미줄을 늘어뜨리더니 그 줄을 타고 움막 중간쯤 되는 공간까지 타고 내려와서는 몸을 흔들기 시작했다.

"저 녀석은 지금 무엇을 하는 걸까?"

호기심이 생기자 로버트 1세는 거미의 행동 하나하나를 주의 깊게 관찰하기 시작했다. 거미는 그네를 타듯이 커다란 포물선을 만들더니 건너편 서까래에 순간적으로 몸을 날렸다. 그러나 거미줄이 끊어져 거미는 그만 땅바닥에 떨어지고 말았다.

● ● ● 낱말 풀이

항쟁 : 맞서 싸움

패전 : 싸움에 짐

지경 : '경우'나 '형편', '정도'의 뜻을 나타내는 말

심신 : 마음과 몸을 아울러 이르는 말

움막 : 땅을 파고 위에 거적 따위를 얹고 흙을 덮어 추위나 비바람만 가릴 정도로 임시로 지은 집

서까래 : 목조 건축물에서 지붕을 이루는 가로대를 가리키는 단어

이젠 모든 것이 끝났다고 생각했는데 거미는 원래 자리로 다시 돌아가더니 그 작업을 계속했다. 이때부터 로버트 1세는 숨을 죽이고 거미의 거동[*]을 살피기 시작했다. 두 번째 시도도 실패로 끝나고 말았다. 그러나 거미는 다시 일어나 작업을 반복했다. 그렇게 무려 여섯 번이나 실패하고 일곱 번째가 되어서야 성공하여 아주 멋있는 집을 짓기 시작했다.

로버트 1세는 자신도 모르게 일어나 거미에게 경의[*]를 표했다. 그리고 그는 산을 내려와 스코틀랜드와의 일곱 번째 전투에서 큰 승리를 거두게 되었다.

로버트 1세는 우연히 거미를 관찰할 기회를 얻었다. 그 결과 거미와 자신의 상황 사이에서 공통점을 찾을 수 있었고, 이를 교훈 삼아 전쟁에서 승리할 수 있었다. 이처럼 우리는 평소에 주위 사물의 특징을 '관찰'하는 것부터 배워야 한다. 이러한 관찰은 사고력을 키우는 데 도움이 된다. 또한 여러 사물의 공통점과 차이점을 관찰한 후 해석하거나 결론을 내려야 한다.

● ● ○ **낱말 풀이**
거동 : 몸을 움직임. 또는 그런 짓이나 태도
경의 : 존경하는 뜻

정확하게
읽기

포스트잇 발견!

1970년 미국 회사 3M의 중앙 연구소 연구원 스펜서 실버는 강력한 접착제를 만들기 위해 연구하던 중, 잘 붙기도 하고 반대로 잘 떨어지기도 하는 접착제를 만들게 됐다. 당시 주변 사람들은 '이 접착제를 어디에 쓰겠냐.'는 반응을 보였고, 결국 이 접착제는 실패작으로 여겨졌다.

영영 잊혀질 뻔했던 스펜서 실버의 접착제를 되살린 것은 같은 회사 테이프 사업부에서 일하던 '아트 프라이'였다. 아트 프라이는 매주 일요일이면 교회 성가대에서 노래를 불렀다. 그는 그날 부를 찬송가 페이지에 찾기 쉽도록 종이를 끼워 넣었는데 그 종이가 자꾸 빠져나가 원하는 페이지를 찾느라 허둥대곤 했다.

1974년 어느 날 이를 고민하던 그의 머리에 떠오른 것이 스펜서 실버의 접착제였다. 그 접착제를 종이에 바르면 쉽게 붙일 수 있고 다시 떼어 내기도 쉬울 것이라는 생각 때문이었다. 아트 프라이는 연구를 거듭했고, 마침내 붙였다가도 말끔하게 떼어 낼 수 있는 종이 조각을 개발했다. 이것이 바로 포스트잇이다.

처음에는 '이런 것을 어디에 쓰느냐?'는 반응이 대다수였지만 얼마 가지 않아 포스트잇은 사무실에 없어서는 안 될 물건이 됐다. 서류에 간단하게 붙여 표시하거나 그날 해야 할 일을 적어 책상머리*에 붙여 두는 메모지로 제격이었기 때문이다.

우리 주위의 사물은 각각 독특한 특징을 갖고 있으면서, 서로 같은 점도 갖고 있다. 위 이야기에서 나오는 포스트잇도 마찬가지다. 포스트잇은 어딘가에 붙일 수 있다는 점에서 접착제와 공통점을 가지지만, 한편으로는 한 번 붙이면 떼어 내기 어려운 접착제와는 달리 쉽게 떼어 낼 수 있다는 차이점도 있다.

이처럼 우리는 여러 가지 사물을 관찰할 때 어렵지 않게 그 '공통점'과 '차이점'을 찾아낼 수 있다. 그리고 이를 통해 사물을 해석하여 결론을 내릴 수 있다. 결론과 해석을 얻을 수 있다. 우리가 발견하거나 주의 깊게 본 사물이 갖는 특징이 많으면 많을수록 우리는 사고의 즐거움을 누릴 수 있다.

● ● ● **낱말 풀이**
책상머리 : 책상의 한쪽 자리

**기억하며
풀기**

우리 주위의 모든 사물은 각각 독특한 특징을 갖고 있으면서도 서도 같은 점도 갖고 있다. 주위의 사물을 둘러 보고 공통점과 차이점을 찾는 연습을 해 보자. 다양한 결론을 얻을 수 있을 것이다. 그럼 다음 문제를 풀어 보자.

1. 사고력을 키우기 위해 우리는 무엇을 해야 할까?
　　① 상상　　　② 관찰　　　③ 분석　　　④ 운동

● ● ● **낱말 풀이**
배열 : 일정한 차례나 간격에 따라 벌여 놓음
분류 : 하나의 물줄기에서 갈라져서 흐름. 또는 그 물줄기

2. '공통점과 차이점'을 찾는 것은 다음 중 어떤 활동과도 같을까?
　　① 배열*　　　② 분류*　　　③ 선택　　　④ 비교

● ● ● **낱말 풀이**
소견 : 어떤 일이나 사물을 살펴보고 가지게 되는 생각이나 의견
회답 : 물음이나 편지 등에 반응함. 또는 그런 반응
지지 : 어떤 사람이나 단체 등의 주의 · 정책 · 의견 등을 찬성하여 이를 위하여 힘을 씀.

3. 사물의 '공통점과 차이점'을 비교하면 무엇을 얻을 수 있을까?
　　① 의견과 자료　　② 소견*과 회답*　　③ 결론과 해석　　④ 평가와 지지*

• • • **낱말 풀이**

탄력 : 용수철처럼 튀거나 팽팽하게 버티는 힘. 반응이 빠르고 힘이 넘치는 것을 비유적으로 이르는 말

4. 자동차의 타이어는 왜 고무로 만들었을까?

① 닦기 쉬워서   ② 터지지 않아서

③ 탄력*이 있어서   ④ 만들기 쉬워서

5. 사람과 식물의 같은 점은 무엇일까? (모두 선택)

① 수분이 필요하다   ② 지혜를 갖고 있다   ③ 공기가 필요하다

④ 모두 생물이다   ⑤ 죽기 마련이다   ⑥ 햇볕이 필요하다

6. 사업에 성공한 사람들은 어떤 공통점이 있을까? (모두 선택)

① 고생을 견뎌 낸다   ② 끝까지 인내*한다

③ 목표가 있다   ④ 직무에 책임을 다하고 성실하다

⑤ 재주가 뛰어나다   ⑥ 일을 사랑한다

⑦ 절대 실패라는 말을 하지 않는다

• • • **낱말 풀이**

인내 : 괴로움이나 어려움을 참고 견딤

정확하게 읽기

일란성 쌍둥이인데도 다르구나!

아름이는 정민이와 정태를 보면 항상 신기하다고 생각한다. 둘은 일란성 쌍둥이인데도 너무 다르기 때문이다. 정민이는 전교 1등을 놓치지 않는 반면, 정태는 전교 꼴찌에서 맴도는 것이다.

'왜 이런 차이가 생기는 걸까?' 궁금했던 아름이는 둘을 관찰하기로 결심했다. 정민이는 학교에 제일 먼저 도착해서 그날 수업할 과목을 한 번 훑어본다. 그리고 수업 시간에 선생님 말을 주의 깊게 듣고, 틈틈이 책이나 공책에 메모를 한다. 정민이에게 물어보니, 수업이 끝난 후 집에 가서는 그날 배운 과목을 복습한다고 한다.

정태는 늘 지각을 해서 선생님한테 혼이 난다. 교과서는 집에 놓고 오기 일쑤고, 수업 시간에 옆 사람과 장난을 치느라 정신이 없다.

아름이는 며칠 동안 이 둘을 관찰한 결과, 왜 정민이와 정태가 이런 차이점을 보이는지 알 수 있었다.

우리가 어떤 사실을 쉽게 비교하기 위해서는 먼저 두 사물의 '공통점'과 '차이점'을 되도록 많이 찾아내는 연습을 해야 한다. 이때 공통점과 차이점의 일부분에만 집착해서는 안 된다. 서로 연관*되면서 비교적 중요한 공통점과 차이점을 선택하여 어떤 결론과 아이디어를 얻을 수 있는지 생각해 봐야 한다. 그리고 이런 점들을 부문별로 나누어 각각 대표하는 바가 무엇인지 파악하면, 정확한 결론을 얻을 수 있다.

●●● 낱말 풀이
연관 : 사물이나 현상이 일정한 관계를 맺는 일

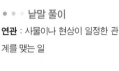

기억하며
풀기

우리는 평소에 공통점과 차이점을 찾는 연습을 해야 한다. 이를 통해 정확한 결론을 얻어낼 수 있다. 그럼 다음 문제를 풀어 보자.

1. 다음 중 '공통점과 차이점'을 찾는 방법으로 적합한 것은 어느 것일까?

(모두 선택)

① 일부 공통점과 차이점에 집착하지 말아야 한다

② 어떤 결론과 아이디어를 얻을 수 있는지 생각해야 한다

③ 서로 다른 곳에서 아이디어를 얻는다

④ '공통점'과 '차이점'을 되도록 많이 찾아내야 한다

⑤ 서로 연관되면서 비교적 중요한 공통점과 차이점을 선택한다

⑥ 먼저 두 가지 사물을 비교한다

⑦ 서로 다른 점들을 부문별로 나눈다

2. 공통점과 차이점을 찾을 때 가장 먼저 해야 할 일을 무엇일까?

① 결론과 아이디어를 생각한다

② 먼저 두 가지 사물을 비교한다

③ 서로 다른 점들을 부문별로 나눈다

④ 되도록 공통점과 차이점을 많이 찾아낸다

3. 공통점과 차이점을 찾을 때 가장 나중에 해야 할 일은 무엇일까?

    ① 서로 연관되거나 비교적 중요한 공통점과 차이점을 선택한다

    ② 서로 다른 점들을 부문별로 나눈다

    ③ 일부 공통점과 차이점에 집착하지 말아야 한다

    ④ 결론과 아이디어를 생각한다

실천해 보기

● ● ● ● **낱말 풀이**
촉수 : 곤충이나 거미, 새우 등의 입 주위에 있는 수염 모양의 감각 기관. 촉각, 후각을 맡고 생식 기능을 하는 것도 있다

공통점 찾기

우리는 공통점과 차이점을 찾는 연습을 통해 정확한 결론을 얻을 수 있다. 다음 주어진 두 가지 사실의 공통점을 찾는 연습을 해 보자.

1. 다음의 공통점을 찾아보자.

벌과 닭

    ① 촉수*가 있다   ② 날개가 있다

    ③ 몸이 몇 가닥으로 되어 있다   ④ 발이 여섯 개 있다

2. 다음의 공통점을 찾아보자.

지구와 달

    ① 하천이 있다   ② 둥글다

    ③ 공기가 있다   ④ 생명이 있다

3. 다음의 공통점을 찾아보자.

식물과 동물

    ① 모두 생물이다   ② 몸과 머리가 있다

    ③ 뿌리와 잎이 있다   ④ 엽록소*가 있다

● ● ● ● **낱말 풀이**
엽록소 : 광합성에 가장 중요한 요소로, 빛에서 에너지를 흡수하며 이산화탄소를 탄수화물로 전환시킨다

**실천해
보기**

차이점 찾기

앞에서 우리는 공통점을 찾는 연습을 해 보았다. 이번에는 차이점을 찾는 연습을 해 보자. 이러한 연습을 해 두면, 일상생활에서도 큰 도움이 될 수 있다.

1. 다음의 차이점을 찾아보자. (모두 선택)

호수와 바다

① 바다에는 고기가 살고 있다   ② 바다는 짜다

③ 호수에는 생물이 산다   ④ 바다는 밀물과 썰물이 있다

2. 다음의 차이점을 찾아보자.

캥거루와 다람쥐

① 다람쥐는 번식력*이 있다   ② 다람쥐는 머리와 눈이 있다

③ 캥거루는 음식물이 필요하다   ④ 캥거루는 가슴 앞에 주머니가 있다

● ● ● 낱말 풀이

번식력 : 번식하는 힘

**머릿속에
넣기**

🐨 사고력을 키우기 위해 주위 사물의 특징을 '관찰'하는 것부터 배워야 한다.

🐨 우리는 여러 가지 사물을 관찰할 때 어렵지 않게 그 '공통점'과 '차이점'을 찾아낼 수 있다. 그리고 이를 통해 사물을 해석하여 결론을 내릴 수 있다.

🐨 공통점과 차이점을 찾는 방법

    1. 먼저 두 가지 사물을 선택하여 비교한다.

    2. 되도록 '공통점과 차이점'을 많이 찾아낸다.

    3. 비교적 중요한 '공통점과 차이점'을 찾아낸다.

    4. 서로 다른 점들을 부문별로 나눈다.

    5. 결론과 아이디어를 생각한다.

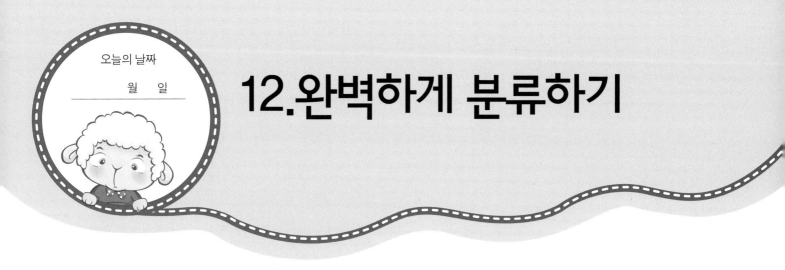

12.완벽하게 분류하기

정리 정돈을 잘하는 사람과 잘 못하는 사람 중 누가 필요한 물건을 더 빨리 찾을 수 있을까? 아마 정리 정돈을 잘하는 사람이 더 빨리 찾을 수 있을 것이다. 정리 정돈을 잘해 두면, 어떤 물건이 어디에 들어 있는지 한눈에 파악하기 쉽다. 머릿속도 마찬가지다. 정보를 머릿속에 잘 정리해 두면, 필요할 때마다 자유롭게 정보를 떠올릴 수 있다.

오늘의
배울거리

풀은 도대체 어디에 있는 거야!

만들기 숙제를 하던 용하는 풀이 필요하다는 생각이 들어 풀을 찾기 시작했다. 책상 위에 놓여 있을 거라고 생각하고 책상으로 간 용하는 한숨을 쉬고 말았다.

사실 용하는 평소에 정리 정돈을 잘 안 해서 부모님에게 곧잘 혼이 나곤 했다. 아니나 다를까, 책상 위는 교과서, 인형, 만화책, 장난감 등으로 뒤죽박죽이었다.

한참을 뒤졌지만, 풀은 보이지 않았다.

'진수랑 축구하려면 빨리 만들기 숙제를 끝내야 하는데….'

친구와 축구 시합을 하기로 했던 용하는 마음이 급해졌다. 아무래도 책상 위에는 풀이 없는 것 같아서 이번에는 책상 서랍을 뒤지기로 했다. 서랍을 연 용하는 경악*을 금치* 못했다. 감기약, 과자 부스러기, 편지, 단추 등 정리되지 않은 잡동사니*들이 서랍 안을 꽉 메우고 있었기 때문이다.

결국 용하는 풀을 찾지 못했고, 근처 문구점에서 풀을 새로 살 수밖에 없었다.

정리 정돈이 제대로 안 된 방에서 물건을 찾기란 쉽지 않다. 우리가 필요한 물

● ● ● **낱말 풀이**

경악 : 소스라치게 깜짝 놀람

금하다 : 어떤 일을 하지 못하게 말리다. 감정 등을 억누르거나 참다

잡동사니 : 잡다한 것이 한데 뒤섞인 것. 또는 그런 물건

건을 빠르게 찾기 위해서는 정리 정돈이 잘되어 있어야 한다.

우리의 두뇌도 마찬가지다. 우리는 어떤 문제에 대해 친구들과 토의를 할 때, 내 의견이 머릿속에서 정리가 안 될 때가 있다. 이렇게 정리가 안 될 때는 의견을 말할 때 우물쭈물하기 쉽고, 친구들을 설득하기 어렵다. 따라서 머릿속도 정리 정돈이 필요하다.

우리의 머리는 하나의 서류 창고와 같다. 그 속에는 사고에 필요한 여러 가지 정보들이 빼곡하다. 이러한 정보에 대한 정리 정돈을 제대로 해 놓는다면, 우리는 신속하게 필요한 자료를 찾을 수 있으며 보다 효과적으로 사고할 수 있다.

도서관에서 책을 쉽게 찾을 수 있는 이유!

어느 날 은하는 학교 게시판에서 '도서관 도우미'를 모집한다는 공고*를 보고, 도서관 도우미가 되기로 결심했다. 책을 좋아해서 평소에 도서관을 자주 찾았던 은하는 다른 아이들이 도서관을 이용하는 데 불편함이 없도록 조금이나마 도움을 주고 싶었다.

도서관 도우미가 돼서 제일 먼저 해야 할 일은 책의 위치를 익히는 일이었다.

'이 많은 책의 위치를 어떻게 익히지?'

위치를 익히기 전부터 은하는 한숨이 절로 나왔다. 그때였다. 사서 선생님이 다가와 은하의 머리를 쓰다듬으며 말했다.

"은하야, 도서관 책은 크게 문학, 학습, 자기계발 등으로 나뉘어 있단다. 천장에 붙어 있는 팻말을 보렴!"

선생님 말씀대로 천장에는 '문학', '학습', '자기계발' 등의 팻말이 붙어 있었다.

"문학 코너에 가면 또 다시 시, 동화, 소설, 희곡 등으로 작게 분류가 돼 있단다!"

선생님이 덧붙여 말했다.

'평소엔 사서 선생님이 알아서 찾아 주셔서 잘 몰랐는데, 이렇게 카테고리*별로 분류되어 있었구나! 이렇게 분류되어 있으니 위치만 잘 익히면 책을 찾기 쉽겠는걸!'

● ● ● 낱말 풀이

공고 : 세상에 널리 알림. 국가 기관이나 공공 단체에서 일정한 사항을 일반 대중에게 광고, 게시, 또는 다른 공개적 방법으로 널리 알림

카테고리 : 동일한 성질을 가진 부류나 범위

은하는 선생님의 말에 감탄할 수밖에 없었다. 그리고 카테고리별로 분류해서 묶는 게 얼마나 유용한 일인지 실감할 수 있었다.

수많은 책이 꽂혀 있는 도서관에서 내가 원하는 책을 쉽게 찾을 수 있는 이유는 무엇일까? 도서관에서 책을 찾아 본 경험을 떠올려 보자. 책은 '문학', '학습', '자기계발' 등의 큰 분야로 나뉘고 또 큰 분야는 다시 작은 분야로 나뉜다. 만약 내가 읽고 싶은 책의 분야가 '문학'이라면 문학 분야에서 찾으면 된다. 이것도 어렵다면, 책마다 일련번호[*]가 있으므로 번호를 따라가 찾으면 된다.

우리의 두뇌는 수많은 책이 분야별로 꽂혀 있는 도서관과도 같다. 두뇌는 기억해야 할 일이나 사물 등을 일정한 기준이나 특징에 따라 분류하고 그것을 파일 속에 입력해 둔다. 즉, 우리의 두뇌 속에는 수많은 파일이 있는데, 이 파일은 분야별로 분류되어 저장되어 있다.

같은 분야에 있는 파일 속에는 서로 연관된 사물의 정보가 저장되어 있다. 따라서 우리는 사고할 때 연관된 사물에 대해서도 상상할 수 있다. 예를 들어 '주머니'에 대한 생각을 할 때 우리는 호주머니, 캥거루 주머니, 복주머니 등 주머니와 연관된 사물에 대해 자유롭게 떠올릴 수 있는 것이다.

● ● ● 낱말 풀이
일련번호 : 일률적으로 연속되어 있는 번호

기억하며 풀기

● ● ● 낱말 풀이
더미 : 많은 물건이 한데 모여 쌓인 큰 덩어리

우리의 두뇌는 기억해야 할 일이나 사물 등을 일정한 기준이나 특징에 따라 분류하고 그것을 파일 속에 입력해 둔다. 이 때문에 우리는 언제든지 필요한 정보를 머릿속에서 쉽게 끄집어낼 수 있다. 그럼 다음 문제를 풀어 보자.

1. 우리의 두뇌는 마치 무엇과 같을까?
① 문서 상자   ② 서류 창고   ③ 문서 더미[*]   ④ 문서 덮개

2. 1번 문제의 답에는 어떤 물건이 들어 있을까?
① 편지   ② 책   ③ 파일   ④ 인형

3. 2번 문제의 답에는 어떤 물건이 들어 있을까?

    ① 피드백*과 문의   ② 의견과 조사   ③ 평가와 추측   ④ 정보와 자료

낱말 풀이

피드백 : 진행된 행동이나 반응의 결과를 본인에게 알려 주는 일

4. 우리의 두뇌는 기억해야 할 일이나 사물을 어떤 방법으로 저장할까?

    ① 일정한 기준 혹은 특징에 따라 자른다

    ② 일정한 기준 혹은 특징에 따라 나눈다

    ③ 일정한 기준 혹은 특징에 따라 이어 준다

    ④ 일정한 기준 혹은 특징에 따라 조합*한다

낱말 풀이

조합 : 여럿을 한데 모아 한 덩어리로 짬

5. 사고할 때 우리는 어떻게 두뇌 속의 정보를 이용할 수 있을까?

    ① 서로 연관되는 파일을 떠올린다

    ② 서로 비슷한 파일을 떠올린다

    ③ 같은 파일을 떠올린다

    ④ 서로 다른 파일을 떠올린다

6. 사고력을 높일 수 있는 방법은?

    ① 정보와 자료를 계통적*으로 업데이트한다

    ② 정보와 자료를 계통적으로 지운다

    ③ 정보와 자료를 계통적으로 저장한다

    ④ 정보와 자료를 계통적으로 수정한다

낱말 풀이

계통적 : 일정한 체계에 따라 관련되어 통일된 것

낱말 풀이

중형 : 일반적으로 크지도 작지도 않은 중간쯤 되는 형체

7. 우리는 양, 노루, 말을 무엇으로 묶을 수 있을까?

    ① 육식 동물   ② 중형* 동물   ③ 순한 동물   ④ 초식 동물

정확하게 읽기

냉장고 정리하기

일요일 오후, 수정이는 엄마와 함께 냉장고 청소를 하기로 했다. 일단 냉장고 안에 있는 음식을 전부 식탁 위로 빼 놓은 후, 물수건으로 때 묻은 냉장고 속을

쓱싹쓱싹 닦았다. 힘은 들었지만 점점 깨끗해지는 냉장고를 보니 수정이는 왠지 모를 뿌듯함을 느꼈다.

"자, 냉장고 속 청소는 다 끝냈으니, 이제 냉장고에 들어갈 음식을 넣어 볼까?"

엄마는 말하면서 깍지를 낀 양손을 머리 위로 올려 기지개를 폈다. 수정이도 기지개를 펴며 식탁 위에 놓인 음식을 바라보았다. 그리고 순간 당황했다.

'앗! 각각의 음식이 어디에 들어가야 하는지 잊어버렸네! 어쩜 좋지?'

당황해하는 수정이의 마음을 알았는지, 엄마가 인자하게 웃으며 말했다.

"일단 공통점이 있는 음식끼리 묶어 보는 게 어떨까?"

수정이는 엄마의 조언대로 공통점이 있는 음식끼리 묶어 보기로 했다. 파, 양파, 고추 등은 '야채'라는 공통점이 있으므로 함께 묶었다. 김치, 깻잎 김치, 장조림, 무말랭이 등은 '밑반찬*', 사과, 배, 귤은 '과일', 냉동 만두, 냉동 소시지 등은 '냉동식품'으로 묶었다. 물, 주스, 요구르트 등은 '음료수'로 묶었다.

이렇게 묶고 나니 수정이는 자신감이 생겼다.

"엄마! 냉장고 속 어디에 들어가야 할지 알겠어요! 야채랑 과일은 얼면 안 되니까 제일 밑 칸에 넣고, 밑반찬은 그 위에 담으면 될 것 같아요. 음료수는 냉장고 날개 부분에 넣어 두고, 냉동식품은 냉동 칸에 넣어야 해요!"

수정이의 활기찬 말에 엄마는 기특한 듯이 수정이의 머리를 쓰다듬었다.

여러 가지 사물이 있을 때, 이를 공통점이 있는 것끼리 분류하면 '분류 원칙'을 명확히 알 수 있을 뿐 아니라 그 자료를 이해하는 데 도움이 된다. 이때 주의해야 할 점은 어떤 사물의 경우 한 가지 유형에만 속하지 않을 수 있다는 점이다. 따라서 우리는 침착하게 여러 사물 사이의 관계를 찾아야 한다. 그리고 사물을 완벽하게 분류한 다음에는 그것에 대한 해석을 해야 한다.

●●● 낱말 풀이
밑반찬 : 만들어서 오래 두고 언제나 손쉽게 내어 먹을 수 있는 반찬

기억하며
풀기

공통점이 있는 것끼리 분류하면 우리는 '분류 원칙'을 명확히 알 수 있을 뿐 아니라 그 자료를 이해하는 데 도움이 된다. 그럼 다음 문제를 풀어 보자.

낱말 풀이
희소 : 매우 드물고 적음

1. 분류를 할 때 다음 중 어떤 점을 고려하여야 할까?

① 희소*한 특징　② 재미있는 특징　③ 공통 특징　④ 특수한 특징

2. 사물의 분류에 대해 해석을 하면 어떤 좋은 점이 있을까? (모두 선택)

① 사물의 순서를 뚜렷하게 배열할 수 있다

② 사물의 분류 원칙을 명확하게 알 수 있다

③ 사물을 상세하게 비교할 수 있다

④ 자신이 알고 있는 자료를 명확하게 이해할 수 있다

⑤ 사물 사이의 구별을 명확하게 표현할 수 있다

실천해
보기

공통점 찾기

분류를 제대로 하기 위해서는 공통점을 찾는 연습이 필요하다. 다음 주어진 사물을 보고 공통점이 무엇인지 생각해 보자.

1. 다음 사물의 공통점은 무엇일까?

오렌지, 축구, 물결

① 액세서리다　　　　② 동그란 모양을 하고 있다

③ 식물이다　　　　　④ 일용품*이다

낱말 풀이
일용품 : 날마다 쓰는 물건

2. 다음 사물의 공통점은 무엇일까?

뱀, 도마뱀, 악어

① 모습이 흉측*하다　　② 육식 동물이다

③ 헤엄칠 줄 안다　　　④ 파충류다

낱말 풀이
흉측 : 몹시 흉악함

3. 다음 사물의 공통점은 무엇일까?

> 문, 책, 액자

① 직사각형이다   ② 집 안에 놓아 두는 것이다

③ 나무로 만들었다   ④ 생활용품이다

4. 다음 사물의 공통점은 무엇일까?

> 석탄, 햇볕, 가솔린

① 여러 가지 용도가 있다   ② 생존을 위한 필수품이다

③ 바닷속에 저장되어 있다   ④ 에너지를 공급*할 수 있다

● ● ● **낱말 풀이**
공급 : 요구나 필요에 따라 물품 등을 제공함

실천해
보기

분류하기

앞에서 공통점을 찾는 연습을 해 보았다면, 이번에는 사물을 분류하는 연습을 해 보자. 다음 사물은 보기 중 어디에 포함될 수 있을지 생각해 보자.

1. 다음 사물은 어디에 포함될까?

> 양파

① 비타민   ② 야채   ③ 광물질*   ④ 과일

● ● ● **낱말 풀이**
광물질 : 철, 금, 은 등 광물로 된 물질. 또는 광물성의 물질

2. 다음 사물은 어디에 포함될까?

> 알코올

① 기체   ② 입체*   ③ 고체   ④ 액체

● ● ● **낱말 풀이**
입체 : 삼차원의 공간에서 여러 개의 평면이나 곡면으로 둘러싸인 부분

3. 다음 사물은 어디에 포함될까?

> 교통 경찰

① 법률 전공   ② 규율* 단체   ③ 뉴스 전파*   ④ 운송 업체

● ● ● **낱말 풀이**
규율 : 질서나 제도를 유지하기 위하여 정해 놓은, 행동의 준칙이 되는 본보기. 또는 일정한 질서나 차례
전파 : 전하여 널리 퍼뜨림

4. 다음 사물은 어디에 포함될까?

위

① 순환* 계통   ② 소화 계통   ③ 호흡 계통   ④ 면역 계통

낱말 풀이

순환 : 주기적으로 자꾸 되풀이하여 돎. 또는 그런 과정

머릿속에 넣기

1. 두뇌는 기억해야 할 일이나 사물 등을 일정한 기준이나 특징에 따라 분류하고 그것을 파일 속에 입력해 둔다.

2. 같은 분야에 있는 파일 속에는 서로 연관된 사물의 정보가 저장되어 있다.

3. 공통점이 있는 것끼리 분류하면 '분류 원칙'을 명확히 알 수 있을 뿐 아니라 그 자료를 이해하는 데 도움이 된다.

4. 어떤 사물의 경우 한 가지 유형에만 속하지 않을 수 있다.

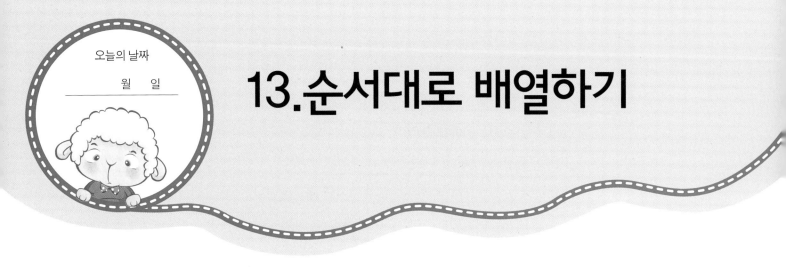

13.순서대로 배열하기

1부터 100까지 순서대로 세어 보자. 다 세었다면, 이번에는 100에서 1까지 거꾸로 세어 보자. 어떤 게 더 쉬울까? 아마 1부터 100까지 순서대로 세는 것이 거꾸로 세는 것보다 쉬울 것이다. 우리 두뇌는 순서대로 배열하려는 습관이 있다고 한다. 이렇게 순서대로 배열하면 자료가 머릿속에 질서 정연하게 정리된다.

오늘의
배울거리

오늘 하루 어떤 재미난 일이 있었을까?

창인이네 가족은 저녁 식사 시간이 되면 오늘 있었던 일을 함께 이야기한다.

"창인아, 오늘은 어떤 재미난 일이 있었니?"

아빠의 물음에 창인이는 곰곰이 오늘 있었던 일을 떠올리기 시작했다. 지각하겠다며 창인이를 흔들어 깨웠던 엄마의 모습, 졸린 눈을 비비고 일어나 걷다가 머리를 문에 찧었던 일, 학교 가는 길에 친구 성호를 만나 수다를 떨었던 일, 수업이 재미없어 하품을 했던 일 등 오늘 하루 겪은 일이 순서대로 창인이의 머릿속에 그려졌다.

"아! 오늘 학교에서 팀을 나누어서 축구 시합을 했는데 우리 팀이 이겼어요!"

오늘 있었던 일을 떠올리던 중 축구 시합에서 이긴 후 기뻐하던 자신의 모습이 떠올라 창인이는 신나게 이야기했다.

"처음에는 1:0으로 우리 팀이 지고 있었거든요. 날씨는 덥고 뛰는 것이 무척이나 힘들어서 차라리 얼른 끝났으면 좋겠다는 생각을 했었어요."

신나게 이야기하는 창인이의 모습을 흐뭇하게 바라보며 엄마가 물었다.

"그랬구나! 그런데 어떻게 이기게 된 거니?"

창인이는 엄마가 흥미롭다는 듯 물어보자 더 신이 나서 말했다.

"지쳐 있는 상태에서 진수가 예상치도 못하게 골을 넣은 거예요. 진수는 평소에 축구를 잘 못해서 아이들이 별로 관심을 두지 않고 있었거든요."

이번에는 아빠가 물었다.

"골을 넣었으니, 이제 동점이 되었겠구나?"

창인이는 고개를 위아래로 끄덕이며 대답했다.

"네! 동점이 되니까 지쳐 있던 우리 팀 아이들이 활기*를 되찾는 거예요. 우리 팀은 신이 났고, 반대로 상대 팀은 사기*가 꺾였죠. 결국 경기가 끝나기 5분 전에 제가 역전 골을 넣었어요! 얼마나 기뻤는지 몰라요!"

어깨를 으쓱이며 말하는 창인이를 흐뭇하게 바라보던 부모님은 "우리 창인이가 큰 몫 했구나!"라며 칭찬을 해 주었다.

위 이야기를 잘 살펴보자. '오늘 있었던 일'을 생각할 때, 창인이는 일이 일어난 순서대로 각각의 장면을 떠올렸다. 축구 경기 이야기를 할 때도 일이 일어난 순서대로 이야기하고 있다. 이처럼 일이 일어난 순서대로 떠올리고, 이야기하는 것은 우리 두뇌의 습관 때문이다. 두뇌는 어떤 순서에 따라 사물을 배열하려고 하는 습관이 있다. 이는 우리가 계통적*으로 기억하고 사고할 수 있도록 도와준다.

● ● ● 낱말 풀이
활기 : 활동력이 있거나 활발한 기운
사기 : 의욕이나 자신감 등으로 충만하여 굽힐 줄 모르는 기세
계통적 : 일정한 체계에 따라 관련되어 통일된 것

정확하게 읽기

순서가 엉망진창이야!

오후 세 시, '인어공주' 만화 영화를 보았다. 물거품이 되어 버린 인어공주가 참 불쌍하다는 생각을 했다. 오후 한 시, 학교에서 내 준 수학 숙제를 했다. 왜 수학은 풀면 풀수록 더 어렵게 느껴지는지 모르겠다.

오늘은 학교에 가지 않아도 되는 일요일이다. 아침 아홉 시에 일어나 밥을 먹었다. 엄마가 내가 좋아하는 카레를 해 주어서 기뻤다.

밤 열 시에 잠을 잤다. 저녁 일곱 시에는 내가 좋아하는 빅뱅이 나오는 음악 프로그램을 보았다.

위 내용을 자세히 읽어 보자. 아마도 일요일 하루, 어떤 일이 있었는지 머릿속에 잘 정리가 안 될 것이다. 이는 일어난 일을 순서대로 배열하지 않았기 때문이다. 이때 일어난 일이나 사물을 사물의 크기, 일이 발생한 시간, 일이 진행된 과정 등의 순서대로 배열하면 머릿속의 정보가 질서 정연하게 정리된다.

기억하며
풀기

두뇌가 어떤 순서에 따라 일이나 사물을 배열하려는 습관이 있다는 사실을 알았다. 순서대로 배열하면 정보가 질서 정연하게 정리되기 때문에 계통적으로 기억하고 사고하는 데 도움이 된다. 그럼 다음 문제를 풀어 보자.

1. 우리의 두뇌는 무엇 때문에 사물을 순서대로 배열할까? (모두 선택)

① 지능을 높이기 위해　　　② 인내심을 기르기 위해

③ 쉽게 기억하기 위해　　　④ 잠재력*을 계발*하기 위해

⑤ 계통적으로 사고하기 위해

2. 1번 답의 원인은 무엇일까?

① 머릿속의 정보가 질서 정연해지기 때문에

② 머릿속의 정보가 많아서 전부 볼 수 없기 때문에

③ 머릿속의 정보가 필요 없기 때문에

④ 머릿속의 정보가 저장되지 않기 때문에

3. 우리의 두뇌는 어떻게 사물을 배열할까?

① 어떤 내용이나 원칙에 따라　② 어떤 형태나 특징에 따라

③ 어떤 조례*나 전통에 따라　　④ 어떤 순서나 차례에 따라

4. 다음 중 일이나 사물을 배열할 때 어떤 순서대로 배열하면 좋을까? (모두 선택)

① 과정　　② 모양　　③ 속도　　④ 사물의 크기

⑤ 위치　　⑥ 발생 시간　⑦ 물건의 높이　⑧ 대상의 연령

5. 나비가 자라는 과정에 대해 배열할 때, 다음 중 제대로 배열한 것은 어느 것일까?

① 애벌레, 알, 번데기, 나비　　② 알, 나비, 애벌레, 번데기

③ 애벌레, 나비, 번데기, 알　　④ 알, 애벌레, 번데기, 나비

정확하게 읽기

우주에도 질서가 있다!

지영이는 도서관에서 과학 도서를 뒤적이다가 페이지 전체를 꽉 채운 우주 사진을 발견했다.

'우와, 예쁘다! 마치 훌라후프를 하는 듯한 행성도 있네!'

감탄하며 우주 사진을 바라보던 지영이는 태양을 중심으로 지구를 비롯한 여러 개의 행성들이 모여 있는 것을 볼 수 있었다.

'마치 태양이랑 행성들이 옹기종기 모여 앉아 수다를 떠는 것 같네!'

그 다음 날, 지영이는 학교에 가서 선생님에게 자랑하듯 말했다.

"선생님, 어제 우주 사진을 봤는데요. 행성들이 태양하고 옹기종기 모여서 수다 떠는 것처럼 보였어요!"

지영이의 말에 선생님은 기특하다는 듯이 머리를 쓰다듬었다.

"지영이는 표현력*이 참 좋구나! 그런데 지영아, 태양하고 행성들이 모여 있는 것에도 일정한 순서가 있다는 사실을 혹시 알고 있니?"

선생님의 물음에 지영이는 눈을 동그랗게 뜨며 물었다.

"그냥 태양 옆에 모여 있고 싶어서 모여 있는 게 아닌가요?"

선생님은 웃으며 대답했다.

"태양과의 거리에 따라 행성들이 배열되어 있단다. 태양과 가장 가까운 행성은 수성, 가장 먼 행성은 해왕성이지. 태양과 가까운 순서대로 배열하면, 수성, 금성, 지구, 화성, 목성, 토성, 천왕성, 해왕성 순이란다. 이를 통틀어 태양계라고 부르지."

지영이는 새로운 것을 알았다는 기쁨에 힘차게 고개를 끄덕였다.

지영이의 이야기를 통해 알 수 있듯이 태양계도 '태양과 행성 간의 거리'라고

● ● ● 낱말 풀이

표현력: 생각이나 느낌 등을 언어나 몸짓 등의 형상으로 드러내어 나타내는 능력

하는 순서로 배열되어 있다. 지영이 이야기에서는 '거리'가 사물을 배열하는 방법으로 쓰였지만, 사실 사건이나 사물을 배열하는 방법은 수없이 많다. 우리는 이렇게 많은 배열 방법 중에 가장 적합한 것을 찾아야 한다. 그러기 위해서는 배열의 목적을 따져 보면 된다.

그뿐만 아니라 우리는 적당한 배열 방법을 찾기 위해 사건이나 사물이 갖고 있는 뚜렷한 특징 외에 '상상력'을 동원하여 연관성을 찾아야 한다.

기억하며 풀기

사건이나 사물을 배열하는 방법은 수없이 많으며, 우리는 많은 배열 방법 중에서 가장 적합한 것을 찾아야 한다. 그럼 다음 문제를 풀어 보자.

1. 사물의 가장 적합한 배열 방법은 무엇에 따라 결정될까?

① 사건의 내용에 따라 결정된다

② 투자*하는 자원에 따라 결정된다

③ 배열의 목적에 따라 결정된다

④ 사물의 크기에 따라 결정된다

2. 다음 중 사물의 연관성을 찾기 위해서 가장 필요한 것은?

① 기억력　　② 의지력　　③ 집중력　　④ 상상력

3. 작가들의 작품 특징을 비교하고 싶다면, 다음 중 어떤 배열 방법이 적합할까?

① 작가의 작품 수량*을 기준으로 배열한다

② 작가의 생애를 기준으로 배열한다

③ 작가의 경력*을 기준으로 배열한다

④ 작가의 작품을 기준으로 배열한다

● ● ● **낱말 풀이**
투자 : 이익을 얻기 위하여 어떤 일이나 사업에 자본을 대거나 시간이나 정성을 쏟음

● ● ● **낱말 풀이**
수량 : 거두어들인 분량. 생산 과정에서 산출된 물건의 양
경력 : 겪어 지내 온 여러 가지 일

4. 옷을 만드는 과정을 자세히 알고 싶다면, 다음 중 어떤 배열 방법이 적합할까?

    ① 옷을 만드는 데 필요한 인원*을 기준으로 배열한다

    ② 옷을 만드는 기술의 난이도*를 기준으로 배열한다

    ③ 옷을 만드는 데 필요한 기술을 기준으로 배열한다

    ④ 옷을 만드는 과정을 기준으로 배열한다

● ● ● **낱말 풀이**
인원 : 단체를 이루고 있는 사람들
난이도 : 어려움과 쉬움의 정도

배열 찾기

우리는 앞에서 순서대로 배열해야 하는 이유와 순서대로 배열하는 방법에 대해 알아보았다. 그럼 다음 문제를 풀어 보자. 제시된 배열 방법을 정확히 따른 것은 어느 것인지 골라 보자.

1. 다음 제시된 배열 방법을 정확히 따른 것은 어느 것일까?

> **새로운 상품의 생산 과정을 순서대로 배열**

    ① 손님의 수요에 대한 연구, 디자인, 판매, 제작

    ② 손님의 수요에 대한 연구, 판매, 디자인, 제작

    ③ 손님의 수요에 대한 연구, 디자인, 제작, 판매

    ④ 손님의 수요에 대한 연구, 제작, 디자인, 판매

2. 다음 제시된 배열 방법을 정확히 따른 것은 어느 것일까?

> **길이가 짧은 단위부터 긴 단위로 배열**

    ① 피트*, 미터, 킬로미터, 마일*

    ② 피트, 미터, 마일, 킬로미터

    ③ 미터, 피트, 킬로미터, 마일

    ④ 미터, 피트, 마일, 킬로미터

● ● ● **낱말 풀이**
피트 : 1인치의 열두 배로 약30센티미터에 해당한다. 기호는 ft
마일 : 1마일은 약 1.6km에 해당한다. 기호는 mil

3. 다음 제시된 배열 방법을 정확히 따른 것은 어느 것일까?

> 작은 크기에서 큰 크기로 배열

① 지구, 달, 태양, 우주   ② 지구, 태양, 달, 우주

③ 달, 지구, 태양, 우주   ④ 달, 태양, 지구, 우주

4. 다음 제시된 배열 방법을 정확히 따른 것은 어느 것일까?

> 아침에서 저녁까지 일어나는 자연 현상을 순서대로 배열

① 여명*, 황혼*, 한낮, 밤중   ② 한낮, 황혼, 여명, 밤중

③ 여명, 한낮, 황혼, 밤중   ④ 한낮, 여명, 황혼, 밤중

● ● ● **낱말 풀이**

여명 : 희미하게 날이 밝아 오는 빛. 또는 그런 무렵

황혼 : 해가 지고 어스름해질 때. 또는 그때의 어스름한 빛

5. 다음 제시된 배열 방법을 정확히 따른 것은 어느 것일까?

> 개구리의 생장 과정을 순서대로 배열

① 올챙이, 개구리, 알   ② 알, 개구리, 올챙이

③ 올챙이, 알, 개구리   ④ 알, 올챙이, 개구리

6. 다음 제시된 배열 방법을 정확히 따른 것은 어느 것일까?

> 비가 올 때 일어나는 자연 현상을 순서대로 배열

① 번개, 우레*, 비, 홍수   ② 우레, 번개, 비, 홍수

③ 번개, 비, 우레, 홍수   ④ 비, 번개, 우레, 홍수

● ● ● **낱말 풀이**

우레 : 천둥

실천해 보기

배열 방법 찾기

앞에서 우리는 제시된 배열 방법에 따라 제대로 배열된 것이 어느 것인지 찾는 연습을 해 보았다. 그렇다면 이번에는 제시된 내용을 보고 어떤 배열 방법이 쓰였는지 찾아보자.

1. 다음의 배열 방법을 찾아보자.

나비, 쥐, 돌고래, 인류*

① 수   ② 크기   ③ 생김새   ④ 성격

● ● ● 낱말 풀이
인류 : 세계의 모든 사람. 사람을 다른 동물과 구별하여 이르는 말

2. 다음의 배열 방법을 찾아보자.

나뭇잎, 모충*, 개구리, 뱀

① 먹이 사슬의 위치   ② 수량   ③ 수명   ④ 생태계 적응* 순서

● ● ● 낱말 풀이
모충 : 몸에 털이 있는 벌레를 통틀어 이르는 말
적응 : 일정한 조건이나 환경 따위에 맞추어 응하거나 알맞게 됨

3. 다음의 배열 방법을 찾아보자.

열, 소리, 빛

① 에너지 전파* 순서   ② 에너지 전파 크기

③ 에너지 전파 속도   ④ 에너지 전파 수량

● ● ● 낱말 풀이
전파 : 전하여 널리 퍼뜨림

4. 다음의 배열 방법을 찾아보자.

새, 호랑이, 거미, 지네

① 신체 길이   ② 지력* 지수   ③ 다리 수   ④ 수명

● ● ● 낱말 풀이
지력 : 농작물을 길러 낼 수 있는 땅의 힘

5. 다음의 배열 방법을 찾아보자.

스포츠카, 7인승 차, 마을버스, 화물차

① 크기   ② 승객 수   ③ 가격   ④ 속도

6. 다음의 배열 방법을 찾아보자.

수성, 금성, 천왕성, 해왕성

① 화성과의 거리   ② 목성과의 거리

③ 태양과의 거리   ④ 지구와의 거리

① 두뇌는 어떤 순서에 따라 사물을 배열하려고 하는 습관이 있다.

② 순서대로 배열하면 머릿속의 정보가 질서 정연하게 정리된다.

③ 가장 적합한 배열 방법을 찾기 위해서는 배열의 목적을 따져 봐야 한다.

④ 적당한 배열 방법을 찾기 위해 사건이나 사물이 갖고 있는 뚜렷한 특징 외에 '상상력'을 동원하여 연관성을 찾아야 한다.

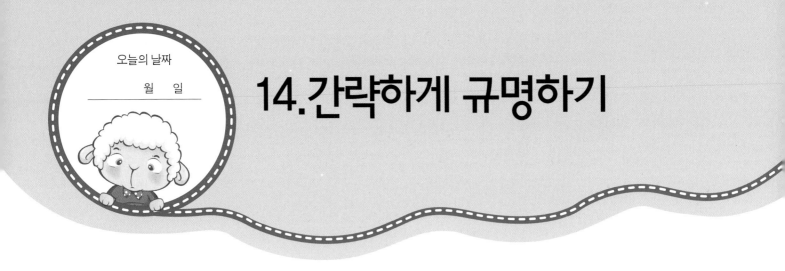

14.간략하게 규명하기

이야기를 들을 때, 상대방이 장황하게 말을 해서 말하고자 하는 바가 무엇인지 알기 어려운 경우가 있다. 반대로 요점만 간략하게 말을 해서 말하고자 하는 바가 제대로 전달되는 경우도 있다. 앞으로는 간략하게 요점만 말하는 연습을 해 보자. 이러한 연습을 해 두면, 아무리 복잡한 문제도 간단하게 해결할 수 있는 열쇠가 돼 준다.

오늘의
배울거리

믿음을 잃어버렸어!

승현이네 반은 요즘 싸늘한* 분위기가 감돌고 있다. 얼마 전 승현이의 MP3가 없어졌기 때문이다.

승현이는 생일 선물로 받은 최신형 MP3를 학교에 들고 와 아이들에게 자랑했었다. 그런데 그날 체육시간이 끝난 후 교실에 돌아와 보니, 승현이의 책상 위에 있어야 할 MP3가 없어진 것이다.

MP3 분실 사건 이후로 승현이네 반 아이들은 서로를 믿지 못하는 눈치다. 아이들은 지갑, MP3 등 귀중하다고 생각하는 것들은 모두 선생님한테 맡기고 있으며, 그것들을 관리*하느라 선생님은 진땀을 빼고 있는 상태다.

며칠 후 승현이가 칠판 앞에 섰다.

"간략하게 말할게. 너희들이 내 얘기 좀 들어 주었으면 좋겠다."

아이들은 승현이의 행동을 의아하게 생각하면서도 승현이의 이야기에 집중했다.

"며칠 전 내가 MP3를 잃어버린 일은 너희들도 잘 알 거야. 사실 누군가가 내 MP3를 훔쳐 간 게 아니라 내가 MP3를 다른 곳에 흘렸을 수도 있어. 그리고 만약 누군가가 훔쳐갔다면 체육시간에 교실엔 아무도 없었으니까 우리 반 아이

● ● ● **낱말 풀이**
싸늘하다 : 물체의 온도나 기온이
약간 찬 느낌이 있다. 사람의 성격
이나 태도 등이 약간 차가운 데가
있다
관리 : 시설이나 물건의 유지, 개량
등의 일을 맡아 함

가 훔치지 않았을 확률이 커. 나는 MP3를 잃어버려서 무척이나 속상했어. 그런데 이 일로 인해 너희들이 서로 못 믿는 모습을 지켜보는 게 MP3를 잃어버린 것보다 속상해. MP3를 되찾지 못해도 좋으니까 우리 반 아이들의 믿음을 되찾고 싶다."

승현이의 말에 아이들은 MP3, 지갑보다 더 중요한 '믿음'을 잃고 지냈다는 사실을 깨달을 수 있었다.

승현이는 MP3를 잃어버리는 사건을 경험했다. 이 사건을 함께 지켜본 아이들은 자신의 귀중품을 잃어버리지 않기 위해서 전전긍긍*했다. 하지만 승현이는 이 사건을 통해 아이들에게 가장 중요한 '믿음'을 잃어버렸다는 본질*을 깨달았고, 아이들 앞에서 자신의 생각을 간략하게 말했다. 승현이가 간략하게 사건의 본질을 정리해 말하자, 아이들도 쉽게 이해할 수 있었다.

우리는 복잡한 사건이 벌어지면, 그 사건의 진정한 뜻을 모르고 눈앞에 보이는 문제만 해결하기에 급급할 때가 많다. 따라서 우리는 복잡한 사건에 대해 생각할 때 반드시 사건을 간략하게 정리해 봄으로써 사건의 진정한 의미를 깨달아야 한다.

정확하게 읽기

간략하게 말해 봐!

어느 날 진수가 울면서 집에 돌아왔다. 형 정수는 진수가 우는 모습에 놀라 물었다.

"왜 그래! 무슨 일이야?"

흥분하여 묻는 정수에게 진수가 울먹이며 대답했다.

"오늘 상현이랑 오락실에 가기로 해서 만났는데…. 오락실에 가서 동전을 바꾸고, 게임기 앞에 앉아서…."

그러자 정수가 답답한 마음에 소리쳤다.

"구구절절* 이야기하지 말고, 요점만 간단히 말해 봐! 오락실에 가서 무슨 일이 있었던 거야?"

정수가 다그치자, 진수는 놀랐는지 한참을 울먹이다 대답했다.

"모르는 형들이 오락실에서 나를 때리고, 돈을 빼앗아갔어!"

진수의 말에 정수는 눈이 휘둥그레져서 물었다.

"모르는 형들이라니? 몇 살 정도 돼 보이는데? 몇 명이었어? 너는 어딜 맞았는데? 돈은 얼마나 빼앗아갔는데?"

정수의 물음에 진수는 마음이 진정된 듯 침착하게 대답했다.

"중학생쯤 되어 보이는 형 세 명이 내 배를 주먹으로 때리고 다리를 발로 걸어 찼어. 돈은 5천 원 빼앗아갔고."

진수와 정수의 대화를 찬찬히 살펴보면, '간략'하게 말하는 법과 사건을 '규명[*]'하는 법을 알 수 있다. 처음에 진수는 사건이 일어나기 전에 있었던 일까지 구구절절 이야기했다. 이것은 굳이 이야기하지 않아도 되는 부분으로 사건을 이해하는 데 전혀 도움이 안 되는 부분이다. 그럼 다시 한 번 이야기를 잘 살펴보자. 진수에게 일어났던 일을 간략하게 말하면 어떻게 말할 수 있을까?

'모르는 형들이 오락실에서 나를 때리고, 돈을 빼앗아갔다.'

이렇게 말할 수 있다. 이러한 간략하게 말하면, 복잡한 사건도 간단해지고 사건의 요점이 한눈에 보여서 이해하기도 쉽다.

한편, 사건을 더 뚜렷하게 하고 오해를 피하기 위해서는 사실을 '규명'해야 한다. 앞에서 '모르는 형들이 오락실에서 나를 때리고, 돈을 빼앗아갔다.'는 진수의 말에 정수는 구체적으로 '몇 살쯤 되어 보였나.', '몇 명이었나.', '어디를 때렸나.', '얼마나 빼앗아갔나.'를 물었다. 이렇게 구체적[*]으로 물어서 사실을 규명하면, 희미한 사건이 좀 더 뚜렷해진다.

기억하며 풀기

우리는 사건을 간략하게 하고, 규명하는 방법을 살펴보았다. 어떤 복잡한 일이라도 간략하게 정리하면 사건의 요점이 한눈에 보여 이해하기 쉽다. 그럼 다음 문제를 풀어 보자.

1. 다음 중 간략의 의미로 가장 적당한 것은?

　　① 사건을 복잡하게 만든다　　② 사건이 뚜렷하게 보이게 만든다

　　③ 사건을 간단하게 한다　　④ 사건을 쉽게 만든다

● ● ● 낱말 풀이

전문 : 어떤 분야에 상당한 지식과 경험을 가지고 오직 그 분야만 연구하거나 맡음. 또는 그 분야

경솔 : 말이나 행동이 조심성 없이 가벼움

2. '간략'의 반대는 무엇일까?

① 곤란 　　　② 전문* 　　　③ 경솔* 　　　④ 복잡

3. 사건을 간략하게 하면 어떤 좋은 점이 있을까?

① 사건을 이해하기 쉽다 　　　② 사건을 대하기 쉽다

③ 사건을 발견하기 쉽다 　　　④ 사건을 처리하기 쉽다

● ● ● 낱말 풀이

임의 : 일정한 기준이나 원칙 없이 하고 싶은 대로 함. 대상이나 장소 등을 일정하게 정하지 않음

4. 간략한 내용에는 반드시 어떤 점이 포함되어야 할까?

① 임의*의 요점 　② 몇 가지 요점 　③ 모든 요점 　④ 특수한 요점

5. '규명'이란 무엇일까?

① 사건을 더 복잡하게 보이게 한다 　② 사건을 더 특별하게 보이게 한다

③ 사건을 더 쉽게 보이게 한다 　　　④ 사건을 더 뚜렷하게 보이게 한다

정확하게 읽기

노트 정리의 비법

상숙이는 공부에 대한 욕심이 대단하다. 매일 예습과 복습을 철저히 할 뿐 아니라 수업 시간에 선생님이 하는 말씀은 사소한 것도 모두 노트에 적는다. 이렇게 열심히 하는데도 이상하게 시험만 보면 늘 같은 반 친구, 단비의 성적이 더 좋다. 상숙이는 왜 이런 결과가 나오는지 그 이유가 무척이나 궁금했다.

그러던 어느 날, 상숙이가 노트를 집에 실수로 놓고 와 버렸다. 노트가 없어서 필기를 제대로 할 수 없었던 상숙이는 단비에게 노트를 빌리기로 했다. 다행히도 단비는 흔쾌히 노트를 빌려 주었다.

집에 와서 단비의 노트를 펴 본 상숙이는 깜짝 놀라고 말았다. 선생님의 말씀을 구구절절 다 적었던 상숙이와는 달리, 단비는 요점만 간략하게 정리해 놓고 있었다. 놀랍게도 간략하게 정리해 놓은 요점만 봐도 어떤 내용을 말하고자 하는지 쉽게 알 수 있었다. 또한 중요한 내용만 머릿속에 쏙쏙 넣을 수 있어서 공부하기에도 한결 간편했다.

마침내 상숙이는 선생님 말씀을 구구절절 적는 게 효율적이지 않다는 사실을 깨달았다.

복잡한 사실을 간략하게 하거나 명확하게 규명하기 위하여 우리는 반드시 의식적으로라도 사실을 과정마다 간략하게 정리하는 연습을 해야 한다. 이때 중요하지 않은 부분은 지우거나 간단한 방식으로 표현할 수 있는 방법을 시도해 봐야 한다. 마지막으로 간략하게 정리하는 과정에서 내용이 빠지거나 과장*될 수 있으므로, 간략하게 정리한 내용이 실제 내용과 같은지 검토*해 봐야 한다.

● ● ●　낱말 풀이
과장 : 사실보다 지나치게 불려서 나타냄
검토 : 어떤 사실이나 내용을 분석하여 따짐

기억하며 풀기

앞에서 간략하게 정리하는 방법에 대해 살펴보았다. 이제부터는 어떤 복잡한 사건이 생기면 간략하게 정리하는 연습을 하자. 복잡한 문제를 간단하게 만들어 줌으로써 문제 해결이 쉬워질 것이다. 그럼 다음 문제를 풀어 보자.

1. 다음 중 사실을 간략하게 만드는 방법은? (모두 선택)

① 중요하지 않은 부분을 남겨 둔다　② 중요하지 않은 부분을 지운다

③ 매우 중요한 부분을 지운다　　　④ 간단한 방식으로 표현한다

2. 간략하게 정리한 내용은 어떻게 해야 할까?

① 간략하게 정리하기 전 내용이 원래 내용과 비슷한지 검사한다

② 간략하게 정리한 내용이 원래 내용과 비슷한지 검사한다

③ 간략하게 정리한 내용이 원래 내용과 같은지 검사한다

④ 간략하게 정리하기 전 내용이 원래 내용과 같은지 검사한다

3. 다음 중 간략하게 정리할 수 있는 것은 어느 것일까? (모두 선택)

● ● ●　낱말 풀이
조례 : 조목조목 적어 놓은 규칙이나 명령

① 법률 조례*　　② 사고 방법　③ 생산 과정　④ 처리 방식

⑤ 여러 가지 프로그램　⑥ 상품 디자인　⑦ 생활 습관　⑧ 기타

실천해
보기

간략하게 정리하기

앞에서 우리는 간략하게 정리하는 것이 얼마나 중요한지 알았다. 그럼 실제로 간략하게 정리하는 연습을 해 보자.

1. 다음 사실을 간략하게 정리해 보자.

> 그는 이미 새 가방이 있다. 그런데도 새 구두와 새 농구화를 갖고 싶어 한다

① 그는 고집*이 세다   ② 그는 욕심이 많다

③ 그는 이기적이다   ④ 그는 교만*하다

● ○ ◦ **낱말 풀이**

고집 : 자기의 의견을 바꾸거나 고치지 않고 굳게 버팀. 또는 그렇게 버티는 성미

교만 : 잘난 체하며 뽐내고 건방짐

2. 다음 사실을 간략하게 정리해 보자.

> 그는 다른 사람의 느낌은 전혀 생각하지 않는다. 오직 자신의 이익만 따진다

① 그는 매우 이기적이다   ② 그는 도량*이 넓다

③ 그는 독립적이다   ④ 그는 탐욕스럽다

● ○ ◦ **낱말 풀이**

도량 : 사물을 너그럽게 용납하여 처리할 수 있는 넓은 마음과 깊은 생각

3. 다음 사실을 간략하게 정리해 보자.

> 그는 계속 여러 가지 방안*을 비교해 보고 있다. 하지만 끝내 결정을 내리지 못했다

① 그는 하는 일 없이 시간만 때우고 있다

② 그는 병을 감추고 의사를 피하고 있다

③ 그는 다른 사람의 환심*만 사고 있다

④ 그는 머뭇거리고 있다

● ○ ◦ **낱말 풀이**

방안 : 일을 처리하거나 해결하여 나갈 방법이나 계획

환심 : 기뻐하고 즐거워하는 마음

4. 숫자 1, 3, 5, 7, 9를 왼쪽에 적고 2, 4, 6, 8, 10을 오른쪽에 적어 보자. 그런 다음 이것을 간략하게 표현할 수 있는 방법을 생각해 보자.

실천해 보기

규명하기

앞에서 간략하게 정리해 보는 연습을 했다면, 이번에는 명확하게 규명하는 연습을 해 보자. 다음 보기 중에 가장 명확하게 표현하고 있는 문장을 찾아보자.

1. 다음 중 가장 명확한 문장은 어떤 것일까?

① 그의 학습 성적이 내려가기 시작했다

② 그의 영어 성적은 이미 내려갔다

③ 그의 영어 성적은 많이 내려갔다

④ 그의 영어 성적은 30점이나 내려갔다

2. 다음 중 가장 명확한 문장은 어떤 것일까?

① 나는 운동 중에 야구만을 선택하지 않았다

② 야구를 제외하고 나머지 운동을 선택하였다

③ 야구 외에 네 개의 운동을 선택하였다

④ 야구 외에 축구, 핸드볼, 농구, 배구를 선택하였다

머릿속에 넣기

① 복잡한 사건에 대해 생각할 때 반드시 사건을 간략하게 정리해 봄으로써 사건의 진정한 의미를 깨달아야 한다.

② 간략하게 정리하면, 복잡한 사건도 간단해지고 사건의 요점이 한눈에 보여서 이해하기도 쉽다.

③ 사실을 규명하면 희미한 사건이 좀 더 뚜렷해진다.

④ 간략하게 정리하는 방법

   1. 의식적으로라도 사실을 과정마다 간략하게 정리하는 연습을 해야 한다.

   2. 중요하지 않은 부분은 지우거나 간단한 방식으로 표현할 수 있는 방법을 시도해 봐야 한다.

   3. 간략하게 정리한 내용이 실제 내용과 같은지 검토해 봐야 한다.

15.종합 확인 퀴즈 1

오늘의 날짜

_____ 월 _____ 일

생각의 기술을 다시 한 번 복습해 보자. '장점, 단점, 즐거움 찾기', '모든 요소 고려하기', '결과 예견하기', '목적과 목표 찾기', '우선순위 생각하기', '가능성 찾기', '다른 사람의 생각 이해하기', '가치관의 차이 알기', '공통점과 차이점 찾기', '완벽하게 분류하기', '순서대로 배열하기', '간략하게 규명하기'의 사고 기술을 확실히 깨우치자.

생각의 기술 복습하기

이번에는 앞에서 공부한 모든 생각의 기술을 다시 복습해 보는 시간이다. 생각의 기술의 내용을 정리하면 다음과 같다.

1) 장점, 단점, 즐거움 찾기 : '나는 무엇 때문에 이 관점에 찬성할까?, 이러한 관점은 어떤 단점이 있을까?, 이러한 관점은 어떤 즐거움이 있을까?'라고 하는 세 가지 방향에서 바라보게 함으로써 올바른 결정을 내릴 수 있도록 도와준다.

2) 모든 요소 고려하기 : 어떤 결정을 내리기 전에 결정에 영향을 주는 모든 요소에 대하여 상세하게 검토하고 빠진 요소를 찾아내며, 모든 중요한 요소들이 고려되었는지 확인하게 한다.

3) 결과 예견하기 : 미래의 이미지를 예견할 수 있도록 도와준다.

4) 목적과 목표 찾기 : 우리가 어떤 일을 하거나 어떤 결정을 내릴 때, '내가 왜 이런 일을 하는지' 알게 해 준다.

5) 우선순위 생각하기 : 일을 효율적으로 하기 위해서는 해야 할 일의 중요성과 시급성 여부를 잘 따져 보고, '요점'을 찾아 가장 중요한 일부터 해결해야 한다.

6) 가능성 찾기 : 불가능해 보이는 문제도 의식적으로 다른 가능성을 찾다 보면 뜻밖의 해결 방법을 발견할 수 있다.

7) 다른 사람의 생각 이해하기 : 다른 사람의 생각을 이해하고, 그 입장에서 생각하는 것은 자신에게 불합리한 말을 반박하기 위해서가 아니라 보다 객관적으로 세상을 바라보기 위한 것이다.

8) 가치관의 차이 알기 : 가치관은 보이지 않는 힘으로서 시시각각 우리가 결정을 내릴 수 있도록 도우며, 궁극적으로는 우리의 인생을 결정한다.

9) 공통점과 차이점 찾기 : 우리는 여러 가지 사물을 관찰할 때 어렵지 않게 그 '공통점'과 '차이점'을 찾아내고 이런 발견을 통해 올바른 결론을 얻을 수 있다.

10) 완벽하게 분류하기 : 두뇌는 기억해야 할 일이나 사물 등을 일정한 기준이나 특징에 따라 분류하고 그것을 파일 속에 입력해 둔다.

11) 순서대로 배열하기 : 순서대로 배열하면 머릿속의 정보가 질서 정연하게 정리된다.

12) 간략하게 규명하기 : 어떠한 일이나 사물을 간략하게 정리함으로써 요점만 명확하게 규명해 준다.

기억하며 풀기

앞에서 배운 생각의 기술에 대해 다시 한 번 정리하여 복습해 보았다. 생각의 기술이 머릿속에 정리되었다면, 다음 문제를 풀어 보자.

1. 다음 내용에 적합한 생각의 기술은 무엇일까?

중요하지 않은 부분은 지워 버린다

① 장점, 단점, 즐거움 찾기   ② 목적과 목표 찾기

③ 간략하게 규명하기   ④ 다른 사람의 생각 이해하기

⑤ 가치관의 차이 알기   ⑥ 공통점과 차이점 찾기

2. 다음 내용에 적합한 생각의 기술은 무엇일까?

> 머릿속에 정보를 조리* 있게 저장한다

① 모든 요소 고려하기　　② 결과 예견하기

③ 목적과 목표 찾기　　④ 다른 사람의 생각 이해하기

⑤ 공통점과 차이점 찾기　　⑥ 완벽하게 분류하기

3. 다음 내용에 적합한 생각의 기술은 무엇일까?

> 더 좋은 생각은 분명히 존재한다

① 모든 요소 고려하기　　② 결과 예견하기

③ 우선순위 생각하기　　④ 가능성 찾기

⑤ 가치관의 차이 알기　　⑥ 순서대로 배열하기

4. 다음 내용에 적합한 생각의 기술은 무엇일까?

> 다른 사람의 입장에 서다

① 장점, 단점, 즐거움 찾기　　② 목적과 목표 찾기

③ 우선순위 생각하기　　④ 다른 사람의 생각 이해하기

⑤ 순서대로 배열하기　　⑥ 간략하게 규명하기

5. 다음 내용에 적합한 생각의 기술은 무엇일까?

> 관찰을 통해 사물을 해석하여 결론을 내린다

① 장점, 단점, 즐거움 찾기　　② 모든 요소 고려하기

③ 가치관의 차이 알기　　④ 공통점과 차이점 찾기

⑤ 완벽하게 분류하기　　⑥ 순서대로 배열하기

6. 다음 내용에 적합한 생각의 기술은 무엇일까?

> 요점을 찾아라

① 목적과 목표 찾기　　② 우선순위 생각하기

③ 가능성 찾기　　④ 다른 사람의 생각 이해하기

⑤ 가치관의 차이 알기　　⑥ 간략하게 규명하기

7. 다음 내용에 적합한 생각의 기술은 무엇일까?

> 이 연필은 가벼워서 좋아

① 가능성 찾기　　② 우선순위 생각하기

③ 목적과 목표 찾기　　④ 결과 예견하기

⑤ 모든 요소 고려하기　　⑥ 장점, 단점, 즐거움 찾기

8. 다음 내용에 적합한 생각의 기술은 무엇일까?

> 상상력으로 사물 간에 연관되는 맥락*을 찾는다

① 장점, 단점, 즐거움 찾기　　② 모든 요소 고려하기

③ 우선순위 생각하기　　④ 가능성 찾기

⑤ 순서대로 배열하기　　⑥ 목적과 목표 찾기

● ● ● **낱말 풀이**

맥락 : 사물 등이 서로 이어져 있는 관계나 연관

9. 다음 내용에 적합한 생각의 기술은 무엇일까?

> 시기에 따라 달라질 수 있는 결과를 예상한다

① 모든 요소 고려하기　　② 결과 예견하기

③ 우선순위 생각하기　　④ 가능성 찾기

⑤ 다른 사람의 생각 이해하기　　⑥ 가치관의 차이 알기

10. 다음 내용에 적합한 생각의 기술은 무엇일까?

> 우리의 평생을 결정한다

① 장점, 단점, 즐거움 찾기　② 모든 요소 고려하기

③ 결과 예견하기　　　　　④ 가치관의 차이 알기

⑤ 완벽하게 분류하기　　　⑥ 간략하게 규명하기

11. 다음 내용에 적합한 생각의 기술은 무엇일까?

> 내가 왜 이 일을 하지?

① 목적과 목표 찾기　　　　② 우선순위 생각하기

③ 가능성 찾기　　　　　　④ 완벽하게 분류하기

⑤ 순서대로 배열하기　　　⑥ 간략하게 규명하기

12. 다음 내용에 적합한 생각의 기술은 무엇일까?

> 중요한 요소가 누락*되지 않게 한다

① 장점, 단점, 즐거움 찾기　② 모든 요소 고려하기

③ 우선순위 생각하기　　　④ 가능성 찾기

⑤ 완벽하게 분류하기　　　⑥ 순서대로 배열하기

● ● ● **낱말 풀이**

누락 : 기입되어야 할 것이 기록에서 빠짐. 또는 그렇게 되게 함

정확하게
읽기

생각의 기술의 법칙

나침반은 항상 남과 북을 가리키고, 위로 던진 물건은 언제나 아래로 떨어진다는 사실은 변하지 않는다. 이처럼 사고도 절대 변하지 않는 법칙을 가지고 있다.

우리는 앞에서 배운 생각의 기술을 활용할 때 이 법칙을 지켜야 하며, 이러한 법칙을 어기면 잘못된 사고를 할 수밖에 없다. 그럼 꼭 지켜야 할 법칙에는 어떤 것들이 있는지 알아보자.

첫째, 건설적*인 사고를 해야 한다.

● ● ● **낱말 풀이**

건설적 : 어떤 일을 좋은 방향으로 이끌어 가려는 것

사고의 궁극적*인 목적은 다른 사람의 결점*을 들추는* 것이 아니라 상황을 변화시키고 문제를 해결하는 데 있다. 그러므로 불합리한 점들을 분석하는 외에 사건에 도움이 되는 구체적인 의견을 제시해야 한다.

둘째, 객관적인 사고를 해야 한다.

사람들은 자신의 맹점*과 편견을 찾아내기 어렵다. 그러므로 우리는 반드시 다른 사람의 입장이 되어, 자신이 생각하고 있는 사실을 객관적으로 대해야 한다.

셋째, 행동을 해야 한다.

상상만 하는 것은 마치 꿈속에서 발생한 현상처럼 아무 소용이 없다. 오직 실질적인 행동만이 다른 사람에게 영향을 줄 수 있다.

● ● ● 낱말 풀이
궁극적 : 더할 나위 없는 지경에 도달하는 것
결점 : 잘못되거나 부족하여 완전하지 못한 점
들추다 : 속이 드러나게 들어 올리다. 무엇을 찾으려고 자꾸 뒤지다. 숨은 일, 지난 일, 잊은 일 등을 끄집어내어 드러나게 하다
맹점 : 미처 생각이 미치지 못한, 모순되는 점이나 틈

기억하며
풀기

● ● ● 낱말 풀이
규정 : 규칙으로 정함. 또는 그 정하여 놓은 것

우리는 생각의 기술을 활용할 때 꼭 지켜야 할 세 가지 법칙을 알아보았다. 그럼 다음 문제를 풀어 보면서 세 가지 법칙에 대해 확실히 깨우치자.

1. '법칙'이란 무엇일까?

① 반드시 지켜야 할 규정*   ② 의심할 여지없는 법률

③ 객관적인 사실   ④ 영원히 변하지 않는 규칙

2. 건설적 사고란 무엇일까?

① 자신이 정확하다는 것을 증명할 수 있는 사고

② 다른 사람의 잘못을 찾을 수 있는 사고

③ 사실을 변화시킬 수 있는 사고

④ 사실을 부정할 수 있는 사고

3. 객관적으로 사고하기 위해서는 어떻게 해야 할까?

　① 다른 사람의 입장이 되어 사실 밖에서 바라본다

　② 다른 사람의 입장이 되어 깊이 연구한다

　③ 다른 사람의 입장이 되어 철저하게 조사한다

　④ 다른 사람의 입장이 되어 정면에서 꾸짖는다

4. 문제 3번 답처럼 행동하면 어떤 유익한 점이 있을까?

　① 자신의 과거와 미래의 영향을 받지 않는다

　② 자신의 감각과 직관*의 영향을 받지 않는다

　③ 자신의 편견과 맹점의 영향을 받지 않는다

　④ 자신의 판단과 분석의 영향을 받지 않는다

● ● ● **낱말 풀이**

직관 : 감각, 경험, 연상, 판단, 추리 등의 사유 작용을 거치지 않고 대상을 직접적으로 파악하는 작용

5. 사고는 무엇으로 변해야 영향을 줄 수 있을까?

　① 신념*　　　② 동기*　　　③ 희망　　　④ 행동

● ● ● **낱말 풀이**

신념 : 굳게 믿는 마음

동기 : 어떤 일이나 행동을 일으키게 하는 계기

6. 다음 중 영향력을 행사할 수 있는 행동은?

　① 기정*된 방안을 실행한다　　② 다른 사람에게 처리하도록 위임*한다

　③ 서로 다른 점만 기억한다　　④ 처리하는 태도를 수정한다

　⑤ 열심히 상상만 한다　　　　⑥ 계획을 수정한다

　⑦ 새로운 방법을 시도해 본다　⑧ 행동 방안을 해석하고 실행한다

● ● ● **낱말 풀이**

기정 : 이미 결정되어 있음

위임 : 어떤 일을 책임 지워 맡김. 또는 그 책임

① 우리는 반드시 모든 생각의 기술을 익숙하게 알아야 한다. 그래야 상황에 따라 적합한 기술을 선택하여 이용할 수 있다.

② 사고의 법칙

　1. 건설적인 사고를 한다.

　2. 객관적으로 사고한다.

　3. 오직 행동만이 효과를 얻을 수 있다.

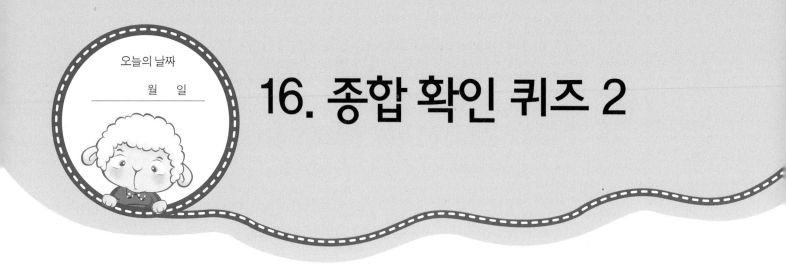

16. 종합 확인 퀴즈 2

앞에서 배운 생각의 기술을 실제로 응용해 보는 시간이다. 내용을 잘 읽어 보고, 이 상황에서는 어떤 생각의 기술을 사용하는 게 좋을지 생각해 보자. 이러한 연습을 해 두면, 실제 상황에 닥쳤을 때 적합한 생각의 기술을 자유자재로 활용할 수 있다. 기억이 안 나는 생각의 기술은 앞으로 돌아가 다시 복습해 보도록 하자.

생각의 기술 응용하기

두 개의 나무 상자를 붙이려면 못과 망치가 필요하듯이, 여러 가지 생각의 기술을 일상생활에서 적당히 이용하려면 자신의 상황을 먼저 파악해야 한다. 그런 다음 어떤 생각의 기술을 이용할지 정해야 한다.

생각의 기술은 단독으로 쓰이기도 하고 조합하여 같이 쓰이기도 한다. 효과적으로 생각의 기술을 활용하기 위해서는 상황에 따라 어떤 생각의 기술을 이용해야 하는지 알아야 한다.

효과적으로 생각의 기술을 활용하기 위해서는 상황에 따라 어떤 생각의 기술을 이용해야 하는지 알아야 한다. 그럼 다음 문제를 풀어 보자.

1. 우리는 각종 생각의 기술을 일상생활 속에 어떻게 응용할까? (모두 선택)

① 상황에 따라 어떤 생각의 기술을 쓸 것인지 안다

② 자신의 취미를 안다

③ 자신의 요구를 안다

④ 가장 익숙한 생각의 기술을 이용한다

⑤ 여러 가지 입장에서 상대방을 이해한다

⑥ 모든 생각의 기술의 용도*를 안다

• • • **낱말 풀이**

용도 : 쓰이는 길, 또는 쓰이는 곳

2. 만약 한 가지 일이 여러 사람에게 영향을 미친다면 어떤 생각의 기술이 비교적 적합할까?

① 다른 사람의 생각 이해하기   ② 모든 요소 고려하기

③ 공통점과 차이점 찾기   ④ 완벽하게 분류하기

3. 한 사건의 영향에 대해 평가하려면 어떤 생각의 기술을 이용하면 좋을까?

① 순서대로 배열하기   ② 완벽하게 분류하기

③ 모든 요소 고려하기   ④ 장점, 단점, 즐거움 찾기

실천해
보기

적합한 생각의 기술 찾기

앞에서 공부한 생각의 기술을 효과적으로 활용하기 위해서는 각 상황에 적합한 생각의 기술을 찾을 수 있어야 한다. 그럼 다음 상황을 보고 어떤 생각의 기술을 활용하면 좋을지 생각해 보자.

1. 다음 상황에 적합한 생각의 기술은 무엇일까?

친구가 담배를 피워 보라고 유혹한다

① 간략하게 규명하기   ② 공통점과 차이점 찾기

③ 결과 예견하기   ④ 우선순위 생각하기

2. 다음 상황에 적합한 생각의 기술은 무엇일까?

> ### 흩어진 자료를 대할 때

① 완벽하게 분류하기   ② 간략하게 규명하기

③ 목적과 목표 찾기   ④ 다른 사람의 생각 이해하기

3. 다음 상황에 적합한 생각의 기술은 무엇일까?

> ### 휴대폰을 구입*한다

① 결과 예견하기   ② 간략하게 규명하기

③ 모든 요소 고려하기   ④ 공통점과 차이점 찾기

4. 다음 상황에 적합한 생각의 기술은 무엇일까?

> ### 두 여행지 중 하나를 선택한다

① 결과 예견하기   ② 장점, 단점, 즐거움 찾기

③ 순서대로 배열하기   ④ 다른 사람의 생각 이해하기

5. 다음 상황에 적합한 생각의 기술은 무엇일까?

> ### 생일 파티를 위해 놀이 종목*을 만든다

① 가능성 찾기   ② 목적과 목표 찾기

③ 가치관의 차이 알기   ④ 순서대로 배열하기

6. 다음 상황에 적합한 생각의 기술은 무엇일까?

> ### 곧 닥쳐 올 시험

① 모든 요소 고려하기   ② 가능성 찾기

③ 우선순위 생각하기   ④ 장점, 단점, 즐거움 찾기

7. 다음 상황에 적합한 생각의 기술은 무엇일까?

> ### 가장 친한 친구가 말도 없이 약속을 어길 때

① 장점, 단점, 즐거움 찾기   ② 목적과 목표 찾기

③ 공통점과 차이점 찾기   ④ 가능성 찾기

8. 다음 상황에 적합한 생각의 기술은 무엇일까?

> ### 친구들과 크리스마스 파티를 계획할 때

① 다른 사람의 생각 이해하기   ② 간략하게 규명하기

③ 결과 예견하기   ④ 완벽하게 분류하기

9. 다음 상황에 적합한 생각의 기술은 무엇일까?

> ### 교통사고를 목격*했을 때

① 결과 예견하기   ② 우선순위 생각하기

③ 모든 요소 고려하기   ④ 다른 사람의 생각 이해하기

● ● ● 낱말 풀이
목격 : 눈으로 직접 봄

10. 다음 상황에 적합한 생각의 기술은 무엇일까?

> ### 인터넷 중독*에서 벗어나려면

① 공통점과 차이점 찾기   ② 모든 요소 고려하기

③ 결과 예견하기   ④ 다른 사람의 생각 이해하기

● ● ● 낱말 풀이
중독 : 술이나 마약 등을 지나치게 복용한 결과, 그것 없이는 견디지 못하는 병적 상태

11. 다음 상황에 적합한 생각의 기술은 무엇일까?

> ### 가장 좋아하는 사진 한 장을 고를 때

① 완벽하게 분류하기   ② 우선순위 생각하기

③ 다른 사람의 생각 이해하기   ④ 간략하게 규명하기

12. 다음 상황에 적합한 생각의 기술은 무엇일까?

| 논술 시험의 규정[*]을 정할 때 |

● ● ● **낱말 풀이**

규정 : 규칙으로 정함. 또는 그 정하여 놓은 것

① 결과 예견하기　　　② 장점, 단점, 즐거움 찾기

③ 모든 요소 고려하기　④ 공통점과 차이점 찾기

13. 다음 상황에 적합한 생각의 기술은 무엇일까?

| 연속[*]적으로 벌어진 사건의 결론을 찾을 때 |

● ● ● **낱말 풀이**

연속 : 끊이지 않고 죽 이어지거나 지속함

① 순서대로 배열하기　② 목적과 목표 찾기

③ 공통점과 차이점 찾기　④ 결과 예견하기

14. 다음 상황에 적합한 생각의 기술은 무엇일까?

| 빵을 굽는 과정을 기록할 때 |

① 가능성 찾기　　　　② 다른 사람의 생각 이해하기

③ 장점, 단점, 즐거움 찾기　④ 순서대로 배열하기

15. 다음 상황에 적합한 생각의 기술은 무엇일까?

| 동생에게 세계 명작의 중요성을 설득할 때 |

① 목적과 목표 찾기　　② 간략하게 규명하기

③ 다른 사람의 생각 이해하기　④ 완벽하게 분류하기

실천해 보기

생각의 기술 활용하기

가장 유익한 다이어트 방법을 찾고자 한다. '가능성 찾기' 생각의 기술을 활용하여 여러 가지 다이어트 방법을 찾아보자. 그리고 '장점, 단점, 즐거움 찾기' 생각의 기술을 활용하여 각 방법의 장점과 단점을 평가해 보자.

1. 다이어트 방법에는 어떤 것들이 있을까?

2. 방법 1의 장점, 단점, 즐거움에는 어떤 것들이 있을까?

4. 방법 3의 장점, 단점, 즐거움에는 어떤 것들이 있을까?

5. 방법 4의 장점, 단점, 즐거움에는 어떤 것들이 있을까?

6. 방법 5의 장점, 단점, 즐거움에는 어떤 것들이 있을까?

7. 방법 6의 장점, 단점, 즐거움에는 어떤 것들이 있을까?

머릿속에
넣기

① 모든 생각의 기술을 적합하게 이용하려면 다음과 같이 해야 한다.

  1. 자신의 요구를 안다.

  2. 모든 생각의 기술의 용도를 안다.

  3. 상황에 따라 어떤 생각의 기술을 이용할 것인지를 안다.

참고답안

사람들마다 생각이 다를 수 있다. 어떤 답이 절대적으로 옳다고 말할 수 없기 때문에 여기에 있는 답은 참고답안일 뿐이지 정답이 아니다. 그리고 혹시 답이 나와 있지 않은 문제는 자유롭게 생각하면 된다.

CHAPTER 1
인류의 사고

아이디어 좀 내봐!

1. ③ 2. ①, ③, ④, ⑥ 3. 모두 정답

어항 하나로도 다양한 생각을 할 수 있다!

1. ② 2. ③ 3. ① 4. ① 5. 모두 정답

지능과 사고력은 무슨 관계?

1. ① 2. ② 3. ① 4. ① 5. ①

CHAPTER 2
올바른 사고

도구를 찾자!

1. ② 2. ③

어떤 잘못된 사고 습관을 갖고 있을까?

1. ⑤ 2. ④ 3. ③

어떤 태도를 가져야 할까?

1. ① 2. ① 3. ② 4. ① 5. ②

CHAPTER 3
장점, 단점, 즐거움 찾기

무슨 중학교에 갈까?

1. ②, ③, ④ 2. ④ 3. 모두 정답

도대체 어디가 삼각형인 거야!

1. ② 2. ② 3. ①, ②, ③, ④, ⑤, ⑥, ⑦, ⑨

장점, 단점, 즐거움을 찾는 방법

1. ① 2. ① 3. ② 4. ③ 5. ① 6. ② 7. ③ 8. ① 9. ①

장점, 단점, 즐거움 찾기

장점: 책을 갖고 가지 않아도 수업을 할 수 있다. 대량의 정보를 저장할 수 있다. 친구와 정보를 교환하기 편리하다. 갖고 다니기 편리하다

단점 : 기계 고장, PDA는 가격이 비싸다, 적합한 교재가 있을지 모른다, 잃어버리기 쉽다

즐거움 : 많은 책을 PDA에 담을 수 있으니까 어디서든 골라 읽는 재미가 있다

비 오는 날 산에 오를 때, 우산은 위험해!

1. ③ 2. ③ 3. ② 4. ④ 5. ② 6. 모두 정답

축제 준비를 위하여

1. ④ 2. ④, ⑤, ⑥ 3. ①, ③, ④ 4. 모두 정답

모든 요소 고려하기

1. 모두 정답 2. ①, ③, ④, ⑥, ⑦, ⑧, ⑨ 3. ①, ②, ③, ⑤, ⑥, ⑦, ⑧, ⑨

빠트린 요소 찾기

1. 종교, 건강 상태, 범죄 기록, 사업 목표, 혼인 여부, 도서 습관, 병력, 취미, 가치관, 이상, 경제 부담 등

2. 연수 기회, 성격과 취미에 맞는지, 지식 및 경험을 쌓기에 적합한지, 상사와 부하의 관계, 상사의 성품과 성격 등

다이너마이트 발명!

1. ③ 2. ② 3. ④ 4. ①

20년 후에 나타난 가루약의 효과

1. ④ 2. ① 3. ②, ③, ④, ⑤, ⑥

결과 예견하기

1. ④ 2. ② 3. ① 4. ③ 5. ② 6. ④

에디슨과 동업을 하겠소!

1. ④ 2. ② 3. ① 4. ② 5. ③ 6. ①, ④, ⑤, ⑥

윌리엄 윌버포스의 목표

1. ④ 2. ② 3. ④ 4. ①, ③, ④, ⑤

목적과 목표 찾기

1. ④ 2. ② 3. ① 4. ④ 5. ① 6. ② 7. 지혜를 쌓는다, 운명을 바꾼다, 행복한 생활, 전문 기능을 익힌다, 친구를 사귄다, 덕을 쌓는다, 도리를 알게 된다 등

가치관 찾기

1. ② 2. ④ 3. ③ 4. ④ 5. ② 6. 품격, 취미, 재능, 학식, 성별, 신앙, 비전 등

포스트잇 발견!

1. ② 2. ④ 3. ③ 4. ③ 5. ①, ③, ④, ⑤, ⑥ 6. 모두 정답

일란성 쌍둥이인데도 다르구나!

1. ①, ②, ④, ⑤, ⑥, ⑦ 2. ② 3. ④

공통점 찾기

1. ② 2. ② 3. ①

차이점 찾기

1. ②, ④ 2. ④

도서관에서 책을 쉽게 찾을 수 있는 이유!

1. ② 2. ③ 3. ④ 4. ② 5. ① 6. ③ 7. ④

냉장고 정리하기

1. ③ 2. ②, ④

공통점 찾기

1. ② 2. ④ 3. ① 4. ④

분류하기

1. ② 2. ④ 3. ② 4. ②

순서가 엉망진창이야!

1. ③, ⑤ 2. ① 3. ④ 4. 모두 정답 5. ④

우주에도 질서가 있다!

1. ③ 2. ④ 3. ④ 4. ④

배열 찾기

1. ③ 2. ① 3. ③ 4. ③ 5. ④ 6. ①

배열 방법 찾기

1. ② 2. ① 3. ③ 4. ③ 5. ① 6. ③

지은이 리앙즈웬(梁志援)

저자는 홍콩 이공대학과 마카오 동아대학(마카오 대학)에서 경영관리 학사학위, 마케팅 학사학위와 석사학위를 받았으며, 아동사고훈련 및 컴퓨터교육 분야에서 많은 현장 경험을 가지고 있다. 현재 홍콩 컴퓨터학회, 영국 특허마케팅학회, 홍콩 컴퓨터교육학회와 홍콩 인터넷교육학회 회원으로 활동하고 있다. 또한 컴퓨터 과학기술, 심리학, 신경언어학(NLP)을 통해 아동과 청소년 양성에 주력해 왔다. 그는 또한 사고방법, 교수법, 잠재의식 운영, 심리학 등의 관련 학문을 공부했다.

홈페이지 www.youngthinker.net

옮긴이 이선애

중국 길림성 연변대학 신문방송학과를 졸업하고 3년 동안 기자로 활동했다. 이후 좋은 책을 만드는 사람이 되고 싶어 5년 동안 편집인으로 살다가 한국 연세대학교 중어중문학과 문화학전공 석사 졸업, 현재 동대학원 박사과정에 있다. 번역서로는《영어그림책 읽어주는 엄마》,《그림책 읽어주는 엄마》 등이 있다.

한언의 사명선언문

Since 3rd day of January, 1998

Our Mission – 우리는 새로운 지식을 창출, 전파하여 전 인류가 이를 공유케 함으로써 인류문화의발전과 행복에 이바지한다.

– 우리는 끊임없이 학습하는 조직으로서 자신과 조직의 발전을 위해 쉼없이 노력하며, 궁극적으로는 세계적 컨텐츠 그룹을 지향한다.

– 우리는 정신적, 물질적으로 최고 수준의 복지를 실현하기 위해 노력하며, 명실공히 초일류 사원들의 집합체로서 부끄럼없이 행동한다.

Our Vision 한언은 콘텐츠 기업의 선도적 성공모델이 된다.

저희 한언인들은 위와 같은 사명을 항상 가슴 속에 간직하고
좋은 책을 만들기 위해 최선을 다하고 있습니다.
독자 여러분의 아낌없는 충고와 격려를 부탁드립니다.
• 한언 가족 •

HanEon's Mission statement

Our Mission – • We create and broadcast new knowledge for the advancement and happiness of the whole human race.

– • We do our best to improve ourselves and the organization, with the ultimate goal of striving to be the best content group in the world.

– • We try to realize the highest quality of welfare system in both mental and physical ways and we behave in a manner that reflects our mission as proud members of HanEon Community.

Our Vision HanEon will be the leading Success Model of the content group.